Crea tu

Propia

Riqueza

Invirtiendo con Poder

ALEJANDRO CARDONA

Crea tu Propia Riqueza
Invirtiendo con Poder

ISBN: 978-0-692-98333-1

Impreso en los Estados Unidos de América
©Alejandro Cardona

Library of Congress Control Number: 2018903082

Editado por: A Grace Group, Corp
Corrección ortográfica: Pablo E. Cardona
Diseño: A Grace Group, Corp

Publicado por:

Web: www.uoptions.co / www.uopciones.com
Teléfono: 786 2619 541
Miami, Fl. USA

DEDICATORIA

Dedico este trabajo a Dios por salvar mi vida,
a mi esposa e hijos por creer en mí y acompañarme
en este hermoso camino.
Agradezco a mis padres por darme lo mejor de ellos
y por la oportunidad de estudiar en la academia.

"La mejor inversión es aprender a invertir"
Alejandro Cardona

AGRADECIMIENTOS

Agradezco a las siguientes entidades
por ayudar a la escritura de este libro:

Marketwatch.com, www.freestockcharts.com, finviz.com,
yahoo/finance.com, CBOE, optionslam.com,
www.scottrade.com .

Gracias a sus páginas y plataformas puedo compartir
mis técnicas y facilitar este conocimiento al mundo.

ÍNDICE

Introducción	9
Por qué Debe Aprender Sobre Inversiones en la Bolsa de Valoress	13
Algunas Inversiones que No son Adecuadas	17
Horarios del Mercado	21
Aftermarket o Después del Cierre de Mercado	32
Los Marcos de Tiempo	34
Por qué el SPY es el Mejor Instrumento	44
Volumen de las Transacciones	47
Estrategias a Usar en un Mercado Alcista	63
Estrategia Promedio Móvil de 40 en Hora	65
Estrategia del Canal Bajista	68
Estrategia de Caída Regular y Caída Fuerte	73
Estrategia de Piso Fuerte - SPY	77
Estrategia del Primer Gap al Alza	82
Qué Significa Invertir con Poder	95
Glosario	99

INTRODUCCIÓN

Este libro revela secretos poderosos para tener éxito en las inversiones bursátiles. Estas inversiones deben basarse en hechos y modelos específicos, no en creencias ni ideas optimistas de que algo va a subir o bajar, como muchas personas creen. Tener éxito en esta actividad no depende del entusiasmo o de la alta energía de una persona, como probablemente sí ocurre en otras actividades, donde las emociones desempeñan un papel determinante. Más allá de todo esto, el éxito de un inversionista está sustentado en su conocimiento, disciplina, orden, perseverancia, madurez y responsabilidad, pero sobre todo en el respeto a las reglas y códigos impuestos para mantenerse y prosperar en esta actividad.

Creo firmemente que el entrenamiento supera por lejos la motivación. Una persona motivada tiene una energía temporal que pronto se acaba, para luego caer en los mismos hábitos negativos. En cambio, una persona entrenada sabe bien qué hacer y cómo reaccionar ante las diferentes situaciones, sabe qué hacer si el mercado sube o baja, sabe cuándo tomar utilidades, cuándo entrar y cuándo salir. También sabe reconocer qué estrategia está aplicando y puede explicar con firmeza por qué tomó una decisión en base a hechos reales, herramientas o indicadores.

Las inversiones bursátiles constituyen una actividad apasionante, y una de las razones para ello es que se pueden predecir. Si usted puede predecir algo y sabe cómo invertir para su beneficio, eso se traduce en ingresos. Pero son ingresos diferentes al que la mayoría de la gente percibe, pues casi todo el mundo recibe un salario y ese ingreso no da libertad, por el contrario, ¡la quita! Los ingresos provenientes del mercado se llaman ingresos de portafolio y se clasifican como ganancias de capital (comprar barato y vender caro).

Quiero también dejar claro que, no soy un *daytrader*, es decir una persona que todo el día está viendo pantallas, comprando y vendiendo Eso me parece una pérdida de tiempo y, tarde o temprano, se convierte en un empleo. Tampoco me gustan los *daytraders*; todos se creen muy astutos, sin serlo en realidad, y terminan fracasando. Yo me clasifico como inversionista, y usted también va a poder ser un inversionista. De esta forma hará su vida normal, pero también podrá invertir cuando se dé la oportunidad. He podido concluir que el S&P 500 nos da 3 o 4 oportunidades por mes para generar ganancias de 100, 500 o 600 por ciento. Esto quiere decir que, si esto ocurre unas cuatro veces al mes, no tengo por qué estar mirando el mercado todo el día. Sin embargo, sí es conveniente saber cuál es la próxima estrategia que se puede dar, y qué precios y condiciones necesito para tomar una decisión de inversión.

También, tres o cuatro veces al año ocurre en la tendencia al alza, una estrategia que puede multiplicar 10 o 20 veces su inversión, si cumple con ciertas condiciones. Esta estrategia la he llamado PISO FUERTE, y se combina con otra estrategia que he llamado EL PRIMER GAP AL ALZA, la cual me siento muy feliz de haber descifrado, y sobre ella abundaré en detalles más adelante.

Por último, puedo asegurarle que cuando termine de leer este libro usted se encontrará en otro nivel como inversionista, y podrá obtener rentabilidades que muy pocos se permiten disfrutar para su beneficio y de quienes lo rodean. Le recomiendo leer mi libro, *"CREA TU PROPIA RIQUEZA – Descubre el Mundo de las Inversiones y Aprende a Ganar en la Bolsa de Valores"*, pues contiene principios y conceptos de vital importancia para el éxito en esta actividad.

POR QUÉ DEBE APRENDER SOBRE INVERSIONES EN LA BOLSA DE VALORES

Estoy terminando de escribir este libro en el año 2017, donde son evidentes los avances tecnológicos que ocurren en la economía. Esto para nada es nuevo, pero el reemplazo que ha provocado la tecnología en el mercado laboral es cada vez más grande. Por esta razón, millones de personas están siendo sustituidas y quedan obsoletas, pues no están entrenadas para ganar dinero de manera diferente; por ejemplo, a través de la tecnología y la internet. Muy pocos venden en eBay y Amazon, y menos son los que ganan dinero en los mercados de valores. Es por ello que usted debe cambiar algunas prioridades e involucrarse seriamente en estos temas. Así no le gusten las inversiones, es importante que forme parte del mercado por las siguientes razones:

1. Si pierde su empleo podrá seguir obteniendo ingresos a través del mercado bursátil, haciendo menos difícil su situación.

2. Debe estar en un sector donde exista abundancia de dinero y este mercado es el más grande del mundo.

3. Podrá hacer dinero sin importar donde se encuentre, es decir, puede estar en cualquier estado o país y podrá seguir haciendo inversiones, siempre y cuando tenga un computador o tableta, y una cuenta de inversión.

4. En esta actividad puede hacer cantidades importantes de dinero empezando con muy poco. Uno de los mitos por los cuales las personas no ingresan al mercado es porque creen

que necesitan invertir mucho dinero para lograr buenos resultados, lo cual no es cierto en absoluto.

5. Estar en el mercado le da el privilegio de ser y formar parte de la economía, obteniendo beneficios cuando ocurren eventos de importancia.

6. Al mercado en realidad no le interesa quién es usted, de dónde viene, si es hombre o mujer, si tiene buena presencia o no; tampoco le interesa si domina varios idiomas o si no es muy elocuente. Lo único que le interesa es que usted compre bien y venda bien, y que siga las reglas. ¡Eso es todo!

7. Este negocio no tiene costos fijos; es decir, no le cobran mensualidades o cuotas de manejo. Todos los costos son variables. Si compra un instrumento o activo financiero, le cobran $7 USD aproximadamente; y si lo vende, le cobran el mismo *fee* o comisión financiera. Ese es el ingreso principal de los brokers o firmas comisionistas de bolsa.

8. En esta actividad podemos obtener rentabilidades imposibles de lograr en ninguna otra actividad. Estoy hablando de rentabilidades mayores al 100% en un día, lo cual usted conocerá en este libro es bastante fácil de lograr. Pero también puede multiplicar 10, 20 y hasta 30 veces o más la inversión, en períodos tan cortos como tres días o una semana como máximo.

9. En el mercado siempre ocurre algo, siempre hay una estrategia que precede a la otra, siempre hay una esperanza. Si se le pasa una oportunidad, siempre vendrá la siguiente. Esto es importante, porque la mayoría de la gente en sus trabajos regulares no espera nada; se familiarizan con la desesperanza y no hay sorpresas. Hace poco estaba esperando una de mis estrategias y yo sabía claramente qué hacer, al igual que muchos de mis

estudiantes; y pude lograr 30 veces la inversión, de un día para otro. Y aunque no es la primera vez que lo hago, me dio mucha alegría, porque pude demostrar una vez más que éste es el camino correcto, cuando has pasado por un proceso y has sido entrenado. En este camino Dios ha sido mi mentor, y con la ayuda de la experiencia y la persistencia, he podido lograr cosas que pocas personas han hecho en este hermoso mercado lleno de oportunidades y abundancia.

10. ¡Es importante cortar con tu genética, cultura y nacionalidad! Casualmente las comunidades negras y latinas son las que realizan los trabajos más pesados y menos remunerados de la economía. Casi todos los latinos manejan Uber, las mujeres —incluso universitarias— limpian casas; los hombres trabajan como obreros en la construcción, muchos cortan prados, miles trabajan como meseros, y en tantas otras actividades.

Claro, el trabajo no es deshonra, como afirma un dicho latino, pero yo creo que Dios tiene algo más grande para usted. Estoy convencido de que las comunidades afroamericanas y latinas deben trabajar en las mismas áreas donde lo hacen los americanos anglosajones y los europeos; actividades que le den una buena posición, dignidad y sobre todo le produzcan dinero en abundancia.

ALGUNAS INVERSIONES QUE NO SON ADECUADAS

U no de los más grandes problemas que he visto, en general, es que todo el mundo quiere ser coach o entrenador; es algo que está de moda, y me parece bien. El problema es que estos instructores no son inversionistas ni empresarios, solo son auto empleados que dependen de ese ingreso para vivir.

Asimismo, muchos profesores de *trading* e inversiones no hacen inversiones y tampoco confían en lo que enseñan. Ese no es mi caso. Actualmente obtengo beneficios importantes del mercado, y después de muchos fracasos —los cuales usted se va a ahorrar al leer este libro—, logré meter en mi subconsciente el archivo del éxito en las inversiones. Debido a eso, ahora gozo de un récord muy favorable en mis inversiones. Creo firmemente en mis modelos y los uso todo el tiempo.

Antes de continuar, quiero compartir algo del poder de la mente relacionado con esto. En el 2002 estaba conversando con mi mejor amigo de ese tiempo en la universidad, y hacíamos bromas sobre los estudios de diferentes formas. En esa época, él y yo éramos los mejores estudiantes de la carrera, y nos gustaba hablar de economía la mayor parte del tiempo. En una de esas conversaciones le dije en broma que, algún día iba a tener un modelo económico y que estaba trabajando en ello. Claro, eso sonaba a broma, pues estábamos en un país latino y en la tercera ciudad más importante; ni siquiera estábamos en la capital o en la universidad más destacada. Pero mi mente no supo diferenciar si yo estaba bromeando o no. Con el pasar de los años, a través de ensayos y errores, y sin leer libro alguno sobre inversiones, pude construir más de seis modelos financieros que hoy funcionan muy bien. Esos modelos tienen reglas, supuestos, vehículos, instrumentos financieros, etc. Lo mejor es que son aplicables y reales; pero sobre todo, producen dinero real. Esto marca una diferencia importante, si los comparamos con los modelos económicos de Keynes y Adam Smith, los cuales no producen dinero, a menos que usted sea un profesor universitario y le guste dictar clases sobre esas teorías.

Algunas entidades y entrenadores enseñan a comprar *penny stocks* o acciones que valen centavos, lo cual debe evitar en lo posible. Esta es una de las peores formas de invertir, ya que está basada en la especulación al cien por ciento, en supuestos y creencias sin fundamento. Además, no tiene ningún sentido utilizar lo pequeño, cuando puede usar los índices y compañías más grandes y líquidas del mundo para hacer dinero. Al mismo tiempo, corre el riesgo del volumen, es decir, estas acciones tienen pocos compradores y pocos vendedores. Por tanto, la diferencia entre *bid* (Precio al que compran) y *ask* (precio al que venden), en la mayoría de casos es gigante.

Recuerdo un alumno que venía de un instituto en la Florida donde le habían enseñado *penny stocks* y vino a preguntarme si había hecho bien, pues le habían recomendado comprar una de estas compañías. Cuando revisé la inversión me di cuenta que él había comprado las acciones a 0.90 centavos de dólar, pero si fuera a venderlas se las pagarían a 0.05 centavos; y él había invertido cerca de diez mil dólares. Eso quiere decir que si él vendiera, solo recuperaría algo así como 500 dólares y perdería $9500. ¿Cuál fue su error? Comprar un *penny stock*. Por eso, no te recomiendo entrar en el mercado, por el peor y el más barato de los lados.

Otra forma inadecuada de invertir es hacer *day trading* (compras y ventas diarias) con cuentas apalancadas. Esta actividad es desgastante, peligrosa y las probabilidades no están a su favor. Como expliqué al principio, no vale la pena en lo más mínimo. Nuestro mercado (S&P 500) da 3 o 4 oportunidades al mes y, para eso no necesita estar frente a un computador todo el día; mucho menos madrugar como varios hacen. Debe saber que lo interesante ocurre después de las 11 am. y se lo voy a demostrar más adelante.

En las inversiones me gusta tener el control de mi dinero y decidir cuándo comprar y cuándo vender, así como el momento de sacar mi dinero de la cuenta, etc. Especialmente en el 2017 muchas personas hablan de monedas electrónicas y multiniveles; unos tratan de convencer a otros de que así se van a volver millonarios algún día. No sé si eso vaya a suceder o no, pero lo que sí sé es que ese mercado no está regulado, y que muchas de las páginas e instituciones que venden así no son legítimas. Tampoco sé si el futuro de esas monedas se sostenga en el tiempo.

Cualquier persona puede abrir una cuenta y comprar algo, y tener la esperanza de que suba; pero a pocas personas les gusta estudiar y tomar sus propias decisiones de inversión. Esto, a mi juicio, es la mejor forma de hacer inversiones. Sé que mientras el mundo funcione, el Nasdaq, S&P 500 y Dow Jones van a estar ahí, pero no sé si instrumentos como Bitcoin y Ethereum subsistan luego de alguna regulación o cambio que pudiera ocurrir.

Por último, si resumimos lo que ha pasado en el Bitcoin durante el año 2017 advertiremos lo siguiente: En junio de 2017 estaba en 3000 USD aproximadamente, y en noviembre de 2017 está en 6000 USD. Si comparamos esto con un *trade* que hice en Amazon el día 26 de octubre, en el cual invertí $800 USD y al día siguiente tenía 23 mil dólares, el tema del bitcoin carecería de sentido.

Sobre todo, porque estas oportunidades en el mercado se repiten constantemente; pero esto requiere enfoque, perseverancia y estudio.

Para concluir este capítulo puedo decir que, la mejor forma es utilizar el índice S&P 500, usando opciones financieras que le permiten apalancarse 100 veces Es decir, puede invertir 100 veces menos para ganar 100 veces más. ¡Es increíble! Las opciones financieras limitan sus pérdidas, pues el valor máximo en riesgo es solo lo que invierte. El efectivo restante en su cuenta no está involucrado en dicha operación, lo que sí ocurre con las cuentas de margen apalancadas, donde el agente le presta dinero para que tenga un mayor poder de compra; pero, si su inversión no sale bien, pone en riesgo todo el efectivo.

HORARIOS DEL MERCADO

E n el mercado accionario existen diferentes horarios. Algunos son solo informativos, pues no podemos tomar acción directa sino después de ciertas horas. En este capítulo le explicaré cómo interpretar estos momentos y descubriremos la verdadera importancia de cada uno de ellos. La primera etapa en un día de mercado se llama *Premarket*, es decir pre-mercado o antes de abrir oficialmente el mercado. Comienza a las 700 am y dura hasta las 930 am, hora en la cual comienza la sesión regular de negociación.

Normalmente en el *Premarket* los volúmenes de negociación son bajos, si los comparamos con las jornadas y horarios regulares de mercado. En ese periodo de tiempo se pueden colocar órdenes para comprar y vender acciones, antes que la jornada oficial comience.

En el *Premarket* también se pueden apreciar cambios importantes en los precios de los índices y acciones. Sucede cuando se dan noticias importantes, como adquisiciones, fusiones, alianzas, reportes de utilidades (los cuales ocurren cada 3 meses), entre otros importantes eventos.

Si en el *Premarket* hay volúmenes importantes de compra, la acción o índice suele abrir con fuerza, produciendo un GAP o Salto. Sobre este tema hablaré en los próximos capítulos. Sin embargo, no acostumbro tomar decisiones basado en el comportamiento del *Premarket*. Por experiencia he visto que es un período de tiempo poco confiable y lo que ocurre en el *Premarket* suele cambiar en el transcurso del día.

En el *Premarket*, como mencioné, puedo comprar acciones antes que la jornada oficial abra (930-400 pm), horario de New York. Pero en este horario no puedo Comprar Opciones Financieras, un activo sobre el cual hablé en mi primer libro, y del cual me volveré a ocupar más adelante.

Para concluir puedo decir que el *Premarket* es afectado por las noticias. Los movimientos más importantes que he podido ver en el *Premarket* se dan cuando una compañía da su *Earnings Report* o reporte de utilidades. En ese momento algunas acciones suelen tener movimientos del 5% hasta el 25% o más en un solo día. Esto produce rendimientos importantes a quienes habrían comprado instrumentos financieros a favor de esos movimientos.

Como mencioné anteriormente, considero un error tomar decisiones de compra de activos financieros, basados en el comportamiento de lo que ocurre en el *Premarket* (antes de las 9:30 am). Según mi experiencia, debemos estar en otro horario para tomar decisiones de inversión. No hacer caso a esta regla puede dejar resultados nefastos.

GRÁFICO 1 - PREMARKET O ANTES DE COMENZAR LA JORNADA DE MERCADO

Fuente: MarketWatch

En este gráfico podemos apreciar el ETF *(Exchange Trade Fund)* o Fondo Correlacionado con el Índice S&P 500 antes de la apertura oficial del mercado. En este caso tenemos una variación negativa de 0.16% que corresponde a 0.39 centavos negativo o en rojo.

Recuerde que, conforme a mi experiencia, no es acertado invertir en ese horario. De hecho, puede ser un error grande en sus inversiones dejarse influenciar por los resultados aparentes de esa zona del horario bursátil.

En años anteriores, cuando aún estaba perfeccionando estos modelos para invertir, tomé una decisión que resultó muy fuerte para mí en ese tiempo, porque vi que los índices NASDAQ, S&P 500 y DOW JONES estaban subiendo bastante al mismo tiempo en el *Premarket*. Eso fue catastrófico, pues 45 minutos después, solo tenía la tercera parte de lo que había invertido. Entonces me hice la pregunta, ¿Por qué me pasó esto? La respuesta vino con el tiempo, y la conclusión obviamente fue que ese horario no es confiable. A raíz de eso, pude descifrar uno de los supuestos más importantes para hacer inversiones en la Bolsa de Valores americana, y es: siempre tomar mis decisiones de compra después de las 11 am, si se cumplen todos los supuestos, condiciones y variables de las estrategias, las cuales considero son las mejores que existen en la actualidad.

La jornada de operación bursátil comienza oficialmente a las 930 am y termina a las 400 pm. En ese horario ya puedo comprar opciones, bonos, acciones, entre otros activos financieros. Para realizar dichas compras, hay plataformas como AMERITRADE, ETRADE, SCOTTRADE, entre otras. Recuerde que para comprar activos financieros debe usar un *Broker* o firma comisionista de bolsa, registrado y autorizado por la SEC (*Security Exchange Commission*).

Uno de los errores más grandes —y por el cual muchas personas pierden en operaciones rápidas en el mercado—, está en comprar en horarios antes de las 11 am; es decir, de 930 am a 11 am. Durante ese tiempo pasan cosas en el mercado que violan los principios del análisis técnico y de las estrategias que he desarrollado con el índice más importante del Mundo, el S&P 500, índice al cual tenemos acceso a través del ETF (Exchange Trade Fund) (Fondo) "SPY".

En ese horario, lo que pareciera que va a suceder no sucede y viceversa. Es un horario donde el dinero cambia de manos, pero en contra de los inexpertos del mercado. Definitivamente, es un horario muy riesgoso. Como mencioné antes, el 80% - 90% de las personas que pierden en el mercado, se debe a que entraron durante esas horas.

En mis comienzos como inversionista no entendía por qué perdía dinero. Una de las razonas era porque tomaba decisiones apresuradas, basado en el *Premarket* o en horarios antes de las 11 am. Esto se convirtió en un factor común en todos mis errores. Es por eso que hoy invierto después de las 11 am, siempre y cuando se hayan cumplido todos los requisitos de las estrategias que he desarrollado para comprar al alza o a la baja; es decir CALLS y PUTS, los cuales explicaré más adelante.

Por ahora mantengámoslo sencillo. Si creo que algo va a subir, debo comprar un OPTION CALL de ese "algo". Es decir que, si mi análisis da como conclusión que AAPL (APPLE) va a subir, y quiero beneficiarme de ese movimiento, debo comprar Opciones Call de AAPL.

Ahora, si creo que el oro (GLD), el petróleo (USO) o la plata (SLV) van a bajar según mi análisis, en ese momento debo comprar PUTS, pues estos instrumentos se valorizan con las caídas.

He estudiado el S&P 500 por casi una década y he podido concluir que las entradas más predecibles para beneficiarme con dicho activo ocurren claramente después de las 11 AM. Nunca realizo compras antes de las 11 am, porque sé las consecuencias de violar esa regla. Actualmente, el horario de 930 a 11 am con frecuencia lo utilizo para algo más productivo que estar viendo una pantalla, como hacer deporte o ir a una playa. Después de las 11 am veo si lo que necesitaba que se cumpliera ocurrió, y si ese es el caso tomo acción; de lo contrario espero. Esperar es una virtud y un factor de éxito en esta actividad. Este negocio no es para los ansiosos o impacientes, sino para quienes saben esperar. Hay una frase muy sabia que se escucha en el país más próspero del mundo, Estados Unidos, y es la siguiente: "Cosas buenas le ocurren a aquel que sabe esperar".

Llegar a la conclusión de no hacer inversiones antes de las 11 am para mí ha sido de gran alivio, así como para miles de estudiantes que siguen mis principios. Es incalculable la cantidad de energía y dinero que he podido ahorrarme, por cumplir este simple principio. Esta es una de mis reglas *top*. Usted mismo la podrá comprobar cuando comience su propia relación con el mercado de Valores.

A continuación, muestro por qué es importante tomar decisiones después de las 11 am y no antes.

GRÁFICO GOOGLE

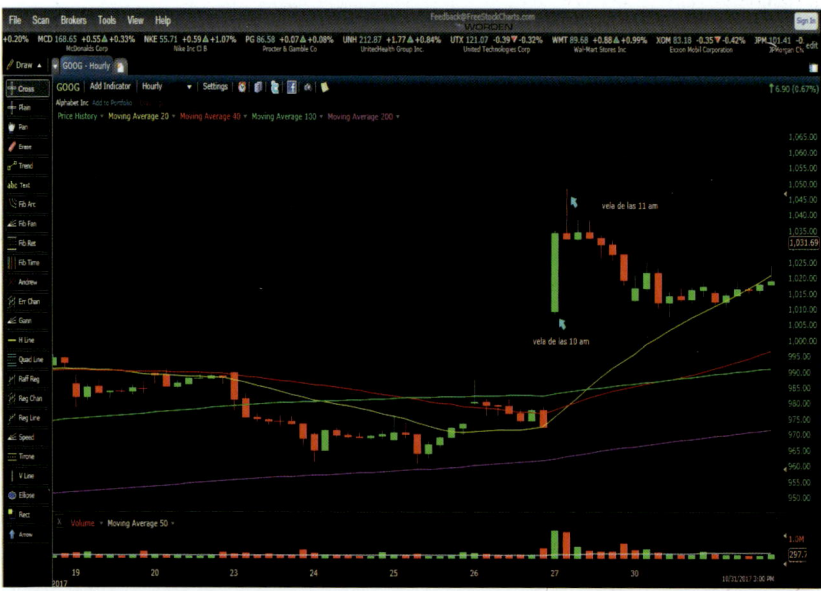

En este gráfico podemos observar los precios de la acción de Google, el 27 de octubre, en el marco de Tiempo-Hora. La gran vela verde que aparece a las 10 hace bastante atractiva la inversión, pero recuerde que para tomar la decisión de invertir debemos esperar a las 11 am. El mercado es astuto, pero debemos ser más astutos que él. En las facultades económicas de las universidades nos enseñan que la gran vela verde es una señal alcista, y que es buen indicador de compra. Sin embargo, yo digo que eso es cierto siempre y cuando esté acompañado de una estrategia, y que sea después de las 11 am. En el caso de esta acción, la vela de las 11 am fue roja y además tuvo una cola larga arriba, es decir una vela contraria a un martillo; a ésta la llamaremos *hanger* o ahorcado, la cual es una señal bajista. Después de eso los precios continuaron cayendo y lo que al principio parecía subir, hizo todo lo contrario. ¿Cuál fue el error? Invertir antes de las 11 am.

Además, recuerde siempre comprar en vela verde, y vender en vela roja, si ya su objetivo de rentabilidad se ha cumplido.

GRÁFICO MICROSOFT – MSFT

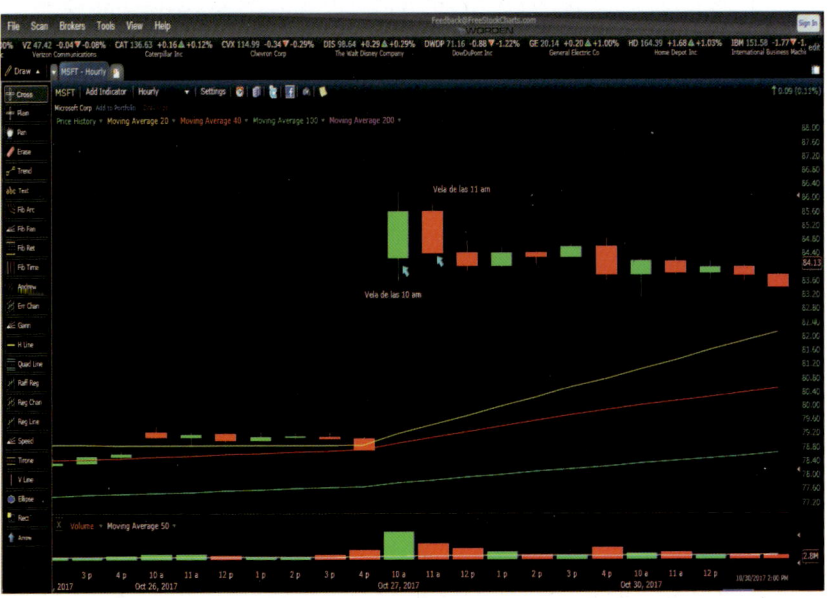

Como podemos observar, esta acción abrió el día con un *Gap* o salto, producto de altos volúmenes de compra en el *Aftermarket* del día anterior y del *Premarket* del mismo día.

Para un principiante esto sería una gran oportunidad, pero debemos esperar hasta las 11 am, la cual es una vela roja. En este caso, lo mejor es no invertir y esperar otra oportunidad. Lo mismo que el caso anterior, esto ocurre por invertir antes de las 11 am, lo cual pudo evitarse si esperamos hasta dicha hora.

GRÁFICO DEL SPY

Con el SPY también podemos dar un ejemplo cuando el mercado tuvo un *gap* bastante atractivo para los inversionistas. Pero de nuevo, es la primera vela del día, la de las 10 am. Por lo tanto, debemos esperar hasta las 11 am para ver si esto va a seguir en la dirección correcta o no. Pero a las 11 puede verse que el mercado comenzó a vender, lo cual produjo una caída de los precios durante todo ese día. La pregunta es, ¿quiénes perdieron ahí? Todos aquellos que se dejaron influenciar por el *Premarket* y compraron antes de las 11 am.

Ahora quiero mostrar algunos casos donde la entrada específica se dio después de las 11 am y la estrategia funcionó bastante bien.

SPY – ESTRATEGIA PROMEDIO MÓVIL DE 40 EN HORA

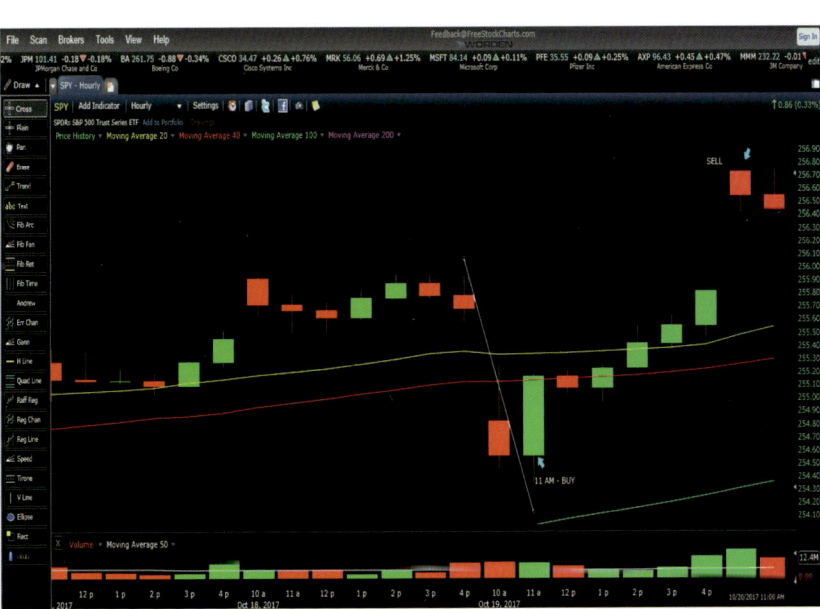

De nuevo puedo probar la efectividad del horario y de la estrategia. En este punto estamos en tendencia al alza, y lo que mejor funciona es comprar opciones CALL. Esto se debe a que las caídas son oportunidades, y en un mercado al alza lo que mejor funciona son estos instrumentos (opciones CALL).

Esa mañana el mercado abre abajo. Un principiante podría pensar que lo mejor sería comprar un PUT y que el mercado va a seguir bajando. Sin embargo, sabemos que estamos al alza y además que debemos esperar hasta las 11 am para decidir qué hacer. A las 11 am se forma esta gran vela verde, la cual rompe la línea bajista trazada en la gráfica y que confirma la entrada como una compra inteligente. Al otro día el mercado abre con un *gap*, pero con vela roja, lo cual es una fuerte señal de venta. En este ejercicio se logró una rentabilidad de 500% en un día.

AMAZON
ESTRATEGIA RUPTURA DEL CANAL BAJISTA

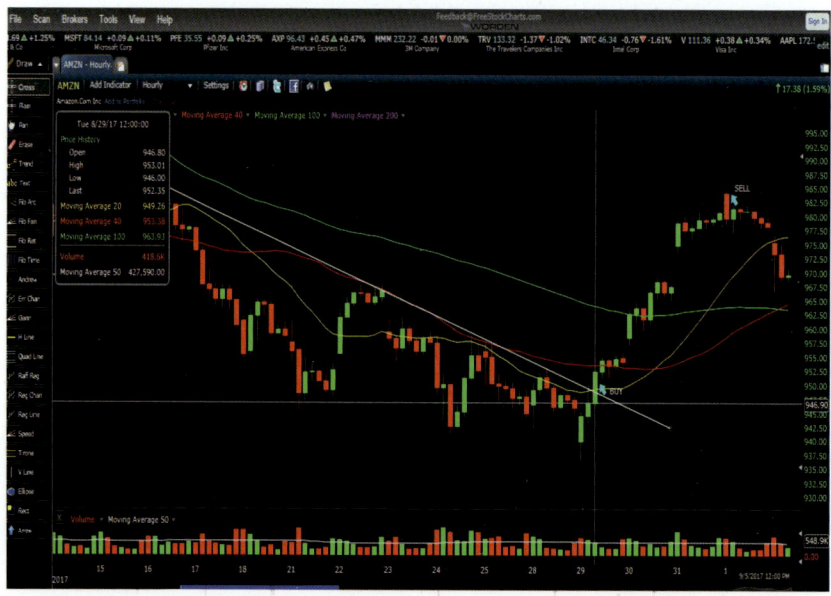

En esta gráfica podemos ver que los precios rompen la línea o techo bajista del canal. Esto ocurre a las 12 am, un horario adecuado, pues después de las 11 am –después de ese evento– los precios continúan subiendo durante ese día y por dos días más.

Algo importante es que al siguiente día, si la primera vela es verde y los precios no rompen el piso del nivel de dicha vela, podemos mantener la inversión hasta que salga la primera vela roja de un día posterior, como ocurrió en la flecha SELL (VENTA) siguiente. Ese día me marcó que la vela de las 10 am fue roja, indicándome el momento preciso para vender esa inversión. En ese *trade* compré opciones de Amazon a una semana, por valor de $200 USD cada una. Tres días después las pude vender por 1600 USD cada una. Es decir, obtuve una rentabilidad de 800% en tres días. Esto, en términos efectivos anuales, significa muchos ceros a la derecha.

Con estos ejemplos he podido demostrar que, invertir antes de las 11 am no es inteligente y siempre es mejor esperar hasta esa hora para tomar decisiones de inversión. Aclaro que no siempre, porque sean las 11, hay que invertir. Lo que digo es que, si la estrategia se cumple y han pasado las 11 am, es mejor y mucho más confiable.

AFTERMARKET O DESPUÉS DEL CIERRE DE MERCADO

E l *Aftermarket* o después del cierre del mercado se da de 4 pm a 8 pm. Este período de tiempo, al igual que el *Premarket*, no es adecuado para la toma de decisiones de inversión o para comprar un activo financiero, y es básicamente informativo. El *Aftermarket* lo uso sobre todo en *earning reports* o Reportes de Utilidades, o noticias inusuales sobre la economía en general. Entre estos podrían estar los reportes económicos, las reuniones de la Reserva Federal, noticias del gobierno, entre otros eventos que podrían afectar las emociones de los inversionistas. La única diferencia entre el *Premarket* y el *Aftermarket* es la hora, pero los dos están fuera de la jornada oficial de mercado. Algunas compañías dan sus reportes BMO *(Before Market Open),* antes que abra el mercado, o pueden hacerlo AMC *(After Market Closed),* después del cierre de mercado.

En el *Aftermarket* solo puedo comprar opciones financieras hasta las 4:15 pm, lo cual es una ventaja importante. Esto es solo para el caso de algunos ETFs como el SPY del S&P 500.

Hay que recordar que las decisiones de inversión deben tomarse después de las 11 am, pero podría ser a la 12, 1, 2, 3 o 4 pm. Lo importante es que se cumplan los requisitos de las estrategias para ganar al alza o a la baja, según la coyuntura en la que se encuentran.

GRÁFICO AFTER MARKET O DESPUÉS DEL CIERRE DE MERCADO

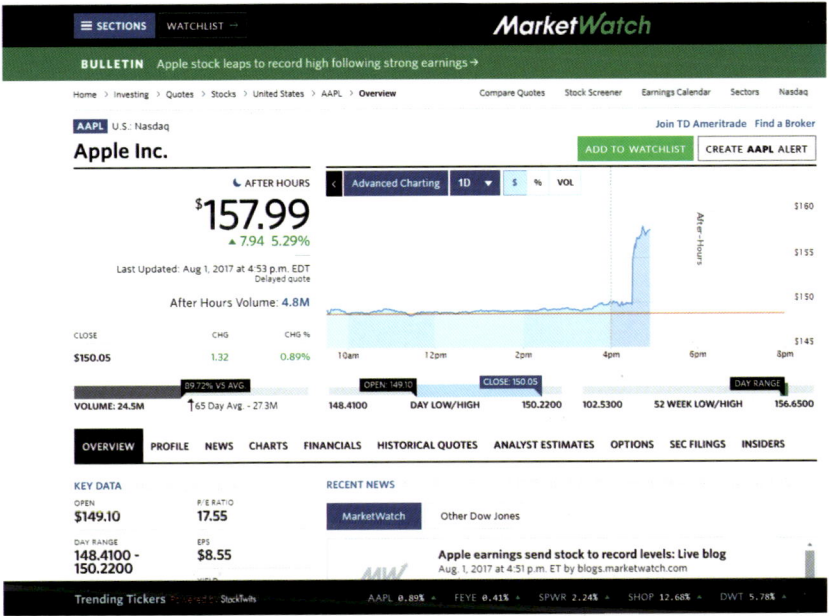

En este gráfico se puede apreciar la acción de Apple, la cual obtuvo una subida del 5,29% producto de la noticia de su reporte de utilidades, dada después del cierre de mercado. La mayoría de acciones importantes como Apple, Facebook, Google y Amazon, dan estos reportes AMC *(After Market Closed)* o después del cierre del mercado.

Este movimiento benefició a quienes tenían esta acción previamente, pero también a los que compraron opciones CALL de Apple. De hecho, esta compra pudo realizarse 10 minutos antes del cierre, y es una de las claves del éxito de esta estrategia. Más adelante profundizaré sobre el tema de los *Earnings Reports* o Reportes de Utilidades.

LOS MARCOS DE TIEMPO

El análisis de los gráficos constituye un factor clave para tener éxito en las inversiones. Hay diferentes tipos de análisis que se pueden hacer a partir de los gráficos. Por ejemplo, está el análisis a Largo Plazo, que nos permite ver la historia de los precios en el tiempo, durante toda la vida de un activo o tomando en cuenta los últimos 10 o 20 años de historia. Para poder ver toda esta historia tenemos que tomar un marco de tiempo mensual, como lo mostraré en la gráfica número 2. Recuerde que un gráfico muestra la historia del precio de un activo en el tiempo, tal como lo hace un plano cartesiano. El eje "Y" muestra los precios y el "X" el tiempo.

Es importante analizar el largo plazo, porque de esa forma sabemos si está en una tendencia al alza, a la baja o lateral. Además, permite saber si estamos en el piso de un canal o en el techo (zona barata o zona cara), situaciones que son importantes antes de tomar la decisión de comprar un activo financiero.

La única forma de predecir el futuro es a través de los gráficos. Todas las crisis y auges son predecibles de comienzo a fin. Solo los que invierten a ciegas son los que apuestan sin saber realmente lo que están haciendo. Los gráficos permiten invertir con sensatez y profesionalismo; también permiten conocer las áreas de recompensa y riesgo. Por eso, no hay que comprar una acción, fondo o activo, sin antes revisar su gráfica.

La mejor plataforma para analizar los gráficos está en la página *www.freestockcharts.com*. Es una herramienta muy poderosa y fácil de manejar, que permite tomar decisiones sobre la base de hechos reales. Además, permite interactuar con el gráfico. Puedo dibujar líneas, pisos, techos, colocar notas, hacer simulaciones, programar alarmas, entre otras cosas que podrá apreciar más adelante.

Para crear una cuenta en *freestockcharts.com* le sugiero visitar nuestra página web *www.uoptions.co* y ver cómo programar y bajar este maravilloso sistema que pondrá muchos miles de dólares en su bolsillo.

Luego de realizar el análisis de tendencia de largo plazo se pasa al mediano plazo, que abarca de 5 a 7 años aproximadamente. El propósito es ver un poco más de cerca si está en un canal alcista o bajista, y en qué parte de ese canal se encuentra. Puede ver en el S&P 500 que está en un canal alcista, casi llegando al techo o zona cara. Por lo anterior, debe tener cuidado con posiciones muy largas debido a que normalmente, cuando los precios visitan un techo, suelen tener correcciones.

Luego del análisis de mediano plazo, también con el marco de tiempo mensual, pasamos al marco de tiempo diario, para realizar un análisis de los últimos dos años. En diario también podemos sacar conclusiones si estamos en zonas baratas o caras, y si continuamos en tendencia al alza o a la baja. Como vemos en el gráfico 4, en diario también podemos concluir que estamos en tendencia al alza, pues los precios van en esa dirección. Es importante que entendamos que los precios no se mueven en línea recta sino en ondas; suben y bajan, pero en una dirección ascendente en este caso.

En los mercados alcistas las caídas son oportunidades para hacer dinero, pues todo consiste en comprar barato y vender caro. Es por eso la importancia de los gráficos. Con esa información se puede reconocer si está en zona barata o cara.

Más adelante, al revisar las estrategias, compartiré que las decisiones de inversión se deben tomar en el marco de tiempo hora. Muchos *traders* y *daytraders* toman decisiones en marcos de tiempo de 1 minuto, 5 minutos y 15 minutos, lo cual no tiene mucho sentido, pero sí un altísimo riesgo. En mis investigaciones sobre el mercado he concluido que, si todos los componentes de la estrategia se dan, debo tomar mi decisión en el marco de tiempo hora en el gráfico. Es decir que las inversiones exitosas tienen una fecha y hora exacta, en la que se cumplen las estrategias y debo comprar un activo financiero.

Hasta ahora podemos concluir que el análisis de largo plazo me permite saber en qué tendencia estoy; así como si estoy en zona barata o cara en el canal que me encuentro. El análisis de largo plazo me permite saber también, cuándo una tendencia a la baja se termina, y cuándo una tendencia alcista ha llegado a su fin. Este tipo de estudio es de suma importancia, ya que solo con él se pueden crear fortunas importantes. A continuación, les muestro algunas predicciones importantes que podemos conseguir.

En el marco de tiempo diario podemos apreciar el mediano plazo. Este marco de tiempo es importante, porque con él pude descifrar una de las estrategias más rentables del mundo, aplicable en tendencia al alza. Si utilizamos a cabalidad todos los supuestos y principios, esta estrategia puede dejar un retorno de 20 o 30 veces la inversión. Lo maravilloso del mercado de valores es que la historia se repite, así como las oportunidades. Mi primer libro lo escribí en el 2014-2015. Este segundo libro lo comencé a mediados de 2017, y los principios que escribí en ese primer libro siguen vigentes hasta los días actuales. Es decir que los principios y estrategias funcionan. Una vez entrenado y con práctica suficiente, lo demás consiste en repetir el éxito.

Este marco diario significa que cada vela japonesa, verde o roja, representa un día. Como he mencionado, los mercados, así como los ciclos naturales y económicos, se mueven en ondas y no en líneas rectas. Si nos encontramos en una tendencia al alza, igual los precios suben y bajan siguiendo la dirección alcista. Si estamos en tendencia a la baja, se presenta lo mismo; los precios suben y bajan en dirección descendente. Lo anterior voy a ilustrarlo con la gráfica del SPY, ETF que representa el S&P 500, para mostrar una tendencia al alza. Lo mismo sucede, con Facebook, Apple, Amazon, con el ORO o GLD y Silver o SLV, como lo ilustraré a continuación.

SPY MARCO DE TIEMPO DIARIO
TENDENCIA AL ALZA

Como podemos apreciar, este índice que representa las 500 compañías más grandes del mercado americano está en una clara tendencia al alza. Los precios están en una dirección ascendente, están además alcanzando nuevos máximos históricos, las caídas son rápidamente compradas, los promedios móviles están en dirección al alza y el promedio móvil de 20 está por encima del promedio de 40. Éste se encuentra por encima del de 100 y el de 100 está por encima del de 200, y se ven en dirección ascendente, paralelos, como rieles de ferrocarril.

Hay que recordar que el promedio móvil de 100 y el de 200 actúan como pisos fuertes. Pero en la administración Trump el mercado ha estado tan al alza que los precios no han visitado mucho el promedio móvil de 100, por lo que hemos tenido un piso fuerte por encima del de 100, que es la línea blanca dibujada en el gráfico. Esta actúa como piso fuerte, pues ha sido visitada y respetada por los precios más de dos veces en un período de un año. Lo anterior quiere decir que cuando los precios visitan esa línea, en lugar de caer, comienzan a subir, producto de la respuesta de los compradores. Las flechas puestas en el gráfico identifican las zonas inteligentes de compra a zonas baratas. Es importante anotar que, en todas mis estrategias, la decisión final de compra la hacemos en el marco de tiempo hora.

FACEBOOK (FB)
MARCO DE TIEMPO DIARIO

En el gráfico de Facebook podemos ver que se encuentra en la misma tendencia que el S&P 500. Es una clara tendencia al alza, alcanzando nuevos máximos mayores. Apreciamos además las zonas inteligentes de compra, la dirección ascendente de los precios. En esta acción en particular pude aplicar en dos ocasiones –una en enero y otra en julio de 2017– una de mis estrategias más poderosas, la cual he llamado "El primer gap al alza". Esta acción en específico, representó para mí multiplicar 20 veces la inversión en solo una semana. Más adelante hablaré de esta estrategia.

AMAZON (AMZN)
MARCO DE TIEMPO DIARIO

Amazon, como muchas de las compañías que componen el S&P 500 también se encuentra en tendencia al alza. Las caídas han sido oportunidades de inversión. Esta compañía en varias ocasiones ha dado oportunidades claras y muy rentables que me han permitido generar ingresos muy importantes, así como también a muchos de mis estudiantes en diferentes estados y países. Si quieres ver algunos videos sobre estas estrategias visita nuestra página: *www.uoptions.co*

El Marco de Tiempo Diario me permite identificar si estoy cerca de un Piso Fuerte, zona en la cual 3 o 4 veces al año se producen oportunidades de vital importancia para los inversionistas inteligentes. Estoy hablando de que se pueden lograr rentabilidades entre 10 y 30 veces la inversión, en una semana. Ésta se llama la

"Estrategia del Piso Fuerte", la cual en la mayoría de los casos está complementada con la estrategia del primer *gap* al alza. Esta última es uno de mis mayores descubrimientos en la Bolsa de Valores, pues es una de las señales más confiables de cambio de tendencia y una oportunidad muy clara de que los precios van a dejar de caer y comenzarán a subir, recuperando en muchos casos toda la caída previa. Si tienes el entrenamiento correcto, lo anterior puede representar los ingresos de un año, en solo una semana, invirtiendo $500 USD o menos.

La mayoría de mis estrategias las vamos a ver en el marco de tiempo hora. Este es un marco de tiempo fiable e inteligente para tomar decisiones. Las personas que utilizan marcos de tiempo de 5 minutos, 15 minutos, etc., son los *daytraders*, los cuales en casi todos los casos terminan mal. En mis estrategias y modelos, uno de los supuestos más importantes es que tomamos las decisiones de inversión en el marco de tiempo hora; eso es muy importante tenerlo en cuenta, pues me ha funcionado innumerables veces. Además, las señales son claras y fáciles de identificar de esa forma. Es por esta razón que todos mis *trades* pueden ser sustentados con un por qué y con una fecha y hora exactos. Es decir, ésta es una actividad muy concreta donde no caben ambigüedades u opiniones. La entrada tiene una fecha y hora precisa, así como una estrategia específica.

Pero no solo los marcos de tiempo y los horarios pueden garantizar el éxito en las estrategias. Falta algo adicional, y es por lo cual millones de personas pierden dinero en este tipo de inversiones. Es un hábito terrible y destructivo que muchos cometen por falta de conocimiento, y consiste en comprar en velas en formación. Por esa razón, nunca compro en horas intermedias; por ejemplo: 10:30 am, 1:25 pm, 3:15 pm, etc. Es decir, si la vela decisiva o la que me está indicando comprar aún está en formación, debo esperar hasta que esa vela termine y quede como un hecho final, no como uno temporal. Muchas velas verdes temporales, cuando la hora se termina, ya no son verdes sino rojas. Esto resulta frustrante para muchos y es una causa de pérdida tras pérdida.

A continuación, mostraré ejemplos de velas temporales y velas finales:

GRÁFICO GOOGLE EN HORA
VELAS TEMPORALES O EN FORMACIÓN

La vela roja con una cola arriba, en algún momento durante esa hora se veía totalmente llena y verde, pero a las 10:30 comenzó a caer, quedando roja y con una cola arriba. Esta es una fuerte señal bajista. Todos aquellos que compraron y no esperaron a que se formara la vela y quedara como una vela final, perdieron. Por eso, es importante dejar finalizar la vela antes de invertir.

GRÁFICO GOOGLE EN HORA
VELAS TEMPORALES O EN FORMACIÓN

La vela que señalo con la flecha azul representa la vela de 9:30 am a 10 am. Sin embargo, en algún momento durante ese tiempo, la vela se veía totalmente llena y verde. En este caso, la persona que se dejó persuadir inocentemente por ese hecho cometió dos errores al mismo tiempo: primero, compró en una vela temporal y no final; y segundo, compró antes de las 11 am. Estos dos hechos juntos son los causantes de que muchas personas no tengan éxito en las inversiones. Por eso es muy importante cumplir estas reglas.

POR QUÉ EL SPY ES EL MEJOR INSTRUMENTO

E l SPY, como usted ya debe saber en este punto del libro, es un ETF que está correlacionada con el índice S&P 500, el cual representa el promedio ponderado de las 500 empresas más grandes del mercado americano. ¿Por qué ponderado? Porque no es lo mismo que caiga o suba Apple, que es la empresa más grande del S&P 500, a que lo haga Sprint, que es una de las más pequeñas. Por lo tanto, las empresas grandes tienen un mayor impacto que las empresas pequeñas. El cuadro 1, que viene a continuación, nos muestra las compañías y sectores que componen el S&P 500.

CUADRO 1

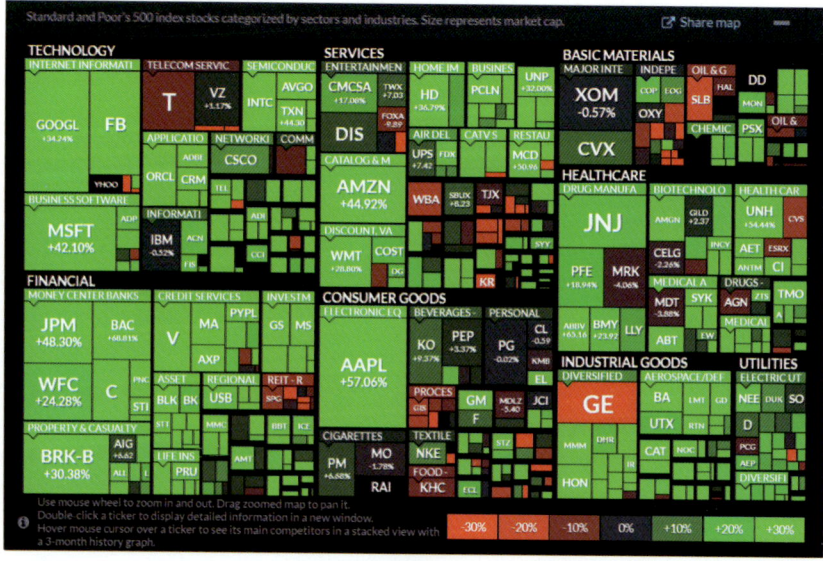

Allí podemos ver los sectores de la economía: Tecnológico, Servicios, Materiales Básicos, Financiero, Bienes de Consumo y Bienes Industriales.

Algunas de las empresas más representativas son Apple, Google, Facebook, Microsoft, Amazon, Walmart, Costco, JPM Chase, Bank of America, Wells Fargo , Citigroup, Johnson & Johnson, Mac Donalds, BRK-B Compañía de Warren Buffet, Nike, Coca-Cola, Pepsi, Ford, entre otras. Sin embargo, en mi experiencia, es mejor solo enfocarme en un instrumento a la vez; es mejor volverse experto en lo más grande, que mediocre en varias acciones. Para mí, el SPY es la mejor elección, por las siguientes razones:

1. Es el instrumento de mayor volumen de transacción tanto como ETF como en opciones.

2. Es predecible.

3. Las estrategias se cumplen con este instrumento a cabalidad.

4. Es el único instrumento que tiene tres vencimientos a la semana en opciones financieras. Es decir, tiene tres fechas de expiración: los lunes, miércoles y viernes.

5. Es de los pocos instrumentos que pudiera comprar después de las 4:00 pm hasta las 4:15 pm.

6. Todos están enfocados en este instrumento como el *driver* o director del mercado.

7. Con el SPY puedo tener de 3 a 5 oportunidades al mes para realizar entre el 100% y el 500% o más por inversión.

8. También con este instrumento puedo lograr 20 veces la inversión, 3 o 4 veces por año.

9. El SPY supera el QQQ (Nasdaq) y Día (Dow Jones) pues se mueve más rápido que los anteriores permitiendo ganar dinero más rápido.

10. Las opciones del SPY tienen precios bastante favorables y reaccionan muy bien frente a cambios en el precio del activo (SPY).

11. Las opciones financieras del SPY también son las de mayor volumen en el mercado. Lo anterior evita imperfecciones que pueden afectar la rentabilidad.

Por todo esto, mi sugerencia es que se enfoque en el SPY mientras va adquiriendo experiencia. En la actualidad, el 70% de mi atención está enfocada en el SPY y el otro 30% de mi enfoque está en Amazon, Facebook y Apple. Aunque aclaro que el SPY supera a todos con una ventaja bastante lejana. Lo anterior es un alivio también, pues de miles de instrumentos existentes, he comprobado que esos 4 son los de mayor poder. Y en realidad, para hacer dinero en abundancia, no necesita más que esos.

VOLUMEN DE LAS TRANSACCIONES

El volumen de transacción es una variable de confirmación para las estrategias que explicaré más adelante. Es más confiable en algunos casos cuando vemos que la vela decisiva que está dando la entrada a la estrategia cuenta con un volumen importante, comparada con las horas anteriores. Sin embargo, el volumen puede prestarse para confusiones y malentendidos, por lo cual explicaré detalles de los aspectos a tener en cuenta con esta variable.

El primer aspecto fundamental que debe saber es que mis estrategias funcionan con volumen o sin volumen. Esto ocurre sobre todo con el SPY, excepto en la estrategia del primer *gap* al alza, donde uno de los requisitos es que debemos tener por lo menos una vela con volumen mayor o igual a 20 millones, en el marco de tiempo hora. Durante el 2017, período de la nueva presidencia americana, los volúmenes cambiaron, presentándose volúmenes más bajos en el marco de tiempo-hora, con respecto a lo que estaba acostumbrado en los dos períodos presidenciales anteriores.

Otro aspecto para tener en cuenta es que el volumen debe darse en la vela decisiva, no en otra vela. Muchas personas ven un alto volumen y solo por eso quieren comprar, para después darse cuenta que no fue la mejor decisión. Es decir, si estoy en zona cara o lejos ya de la estrategia, y sale una vela en hora con alto volumen, eso no quiere decir que deba comprar.

Es importante que sea cual sea el volumen, así parezca muy atractivo en todos los casos, debemos respetar las reglas de horario y vela final; no cuando está en formación. Veamos algunos ejemplos de engaños o malas decisiones por motivos del volumen de transacción.

FACEBOOK
MARCO DE TIEMPO HORA- VOLUMEN

El volumen está representado por las barras en la parte inferior del gráfico. En el caso de Facebook, el volumen adecuado por hora en la vela, que me da la señal de entrada, normalmente es 3 millones de unidades o acciones, o más. En el caso de la vela que estoy señalando, el volumen es de 6 millones; que es bastante atractivo. El problema es que ese volumen no está acompañado de ninguna estrategia y está en zona cara. Por lo anterior, en lugar de subir, la acción bajó en los días siguientes.

APPLE
MARCO DE TIEMPO HORA – VOLUMEN

En este gráfico de Apple, el día 12 de septiembre a las 200 pm., hubo un volumen inusual en esta acción, por valor de 15.4 millones, cuando para esta acción un volumen representativo sería de 6 millones en adelante. Recuerde que el volumen es una confirmación, pero por sí solo no tiene poder; siempre debe estar acompañado de una estrategia. También, tenga presente que las estrategias que he descifrado son más poderosas que el volumen. Con lo anterior podemos concluir que, si detecta una estrategia técnica —sobre las cuales voy a profundizar en este libro— y ve que la estrategia tiene volumen, ésta nos daría una confirmación adicional. Pero si presencia la estrategia sin volumen, es decir, con un volumen más bajo que el requerido, también debe realizarla; es decir, debe invertir, pues en muchos casos la estrategia funciona con o sin volumen.

En la única estrategia donde el volumen no se puede negociar, y es obligatorio, es en la estrategia del Primer Gap al Alza. A continuación, señalo los volúmenes de las acciones y ETFs más importantes para mí, y con los cuales he tenido mayor éxito. Recuerde que el volumen por sí solo no funciona. Si la gráfica se encuentra en zona cara, o usted ya ha visto 8 velas verdes en hora seguidas y sale volumen, eso no significa que los precios van a seguir subiendo.

AMAZON =	800 Mil Acciones en Hora
FACEBOOK =	3 Millones de Acciones en Hora
APPLE =	20 Millones de Acciones en Hora
SPY =	20 Millones de Acciones en Hora
NFLX =	1 Millón de Acciones en Hora

El secreto importante del volumen es que la vela debe ser sólida o maciza; es decir, bien formada. No puede tener colas largas en la parte superior, pues esto puede significar que hubo compras y ventas, por lo cual el volumen estaría distorsionado.

En la siguiente gráfica indico cómo debe ser la vela con el volumen y dónde se deben encontrar.

A continuación, podemos ver ejemplos de velas que no son adecuadas y donde se mal interpreta el volumen.

APPLE
MARCO DE TIEMPO HORA – VOLUMEN

Como podemos ver en el gráfico anterior de Apple, donde están las flechas verdes marcadas se presenta un *Gap* o salto. Además, las dos primeras velas en el marco de tiempo hora fueron verdes y tuvieron el volumen requerido en esta acción. Sin embargo, la forma de la vela no es la que estamos requiriendo. Por el contrario, estas velas nos están dando una señal bajista y el volumen no es real porque nos muestra el total de compras y ventas.

Cuando tenemos velas con colas arriba, eso significa que la vela fue temporalmente verde; pero una hora después comenzaron a vender, bajando los precios y dejando la vela en lugar de totalmente formada, con esa señal de colas en la parte superior. Además de eso, la vela final con la cola arriba, el volumen nos indica por ejemplo 7 MM, ese volumen no es real, pues muestra el total de compras y ventas en este caso específico. Cuando se divide esa hora en 4 velas de 15 minutos y se suman las compras y las ventas, podemos concluir lo siguiente: la primera vela de 15 minutos (10:15 am) fue verde con un volumen de 2.5 MM; la segunda fue roja con un volumen de 2.3 MM (10:30); la tercera fue verde con un volumen de 1.1 MM (10:45); y la cuarta fue roja con un volumen de 1.1 MM (11 am).

Si sacamos la suma de todo esto, podemos concluir que compraron (2.5 MM + 1.1 MM) para un total de 3.6 MM durante esa hora; y vendieron (2.3 MM + 1.1 MM) para un total de 3.4 MM en ventas. Si restamos los dos valores, da solo 0.2 MM de compras durante esa hora. Lo anterior no da el poder suficiente para hacer que la estrategia funcione. Por eso, cuando se presencian *gaps* o estrategias donde la vela decisiva tiene esa cola arriba, es mejor esperar a que nos salga una vela de cuerpo entero para tener mejores probabilidades de éxito. De hecho, nunca compro cuando me salen ese tipo de velas *hanger* o de martillo invertido en la zona de rompimiento, o donde me da la entrada para tomar la decisión de compra.

A continuación está el caso opuesto, donde las velas si son correctas, dando un resultado bastante positivo.

APPLE
MARCO DE TIEMPO HORA – VOLUMEN

En este caso la vela que estaba dando la entrada tenía un volumen de 7.3 MM. Además, la forma de la vela sí estaba completa, sólida y verde. No tenía, como en el caso anterior, esas colas largas. En este caso la estrategia fue exitosa; la acción subió 10 puntos y dio una rentabilidad, para los que compraron opciones de este activo, cercana al 500% de utilidad en un período de tiempo de 3 días solamente.

GRÁFICO SPY EN HORA
ESTRATEGIA PM 40 – VELA DE ENTRADA CON VOLUMEN

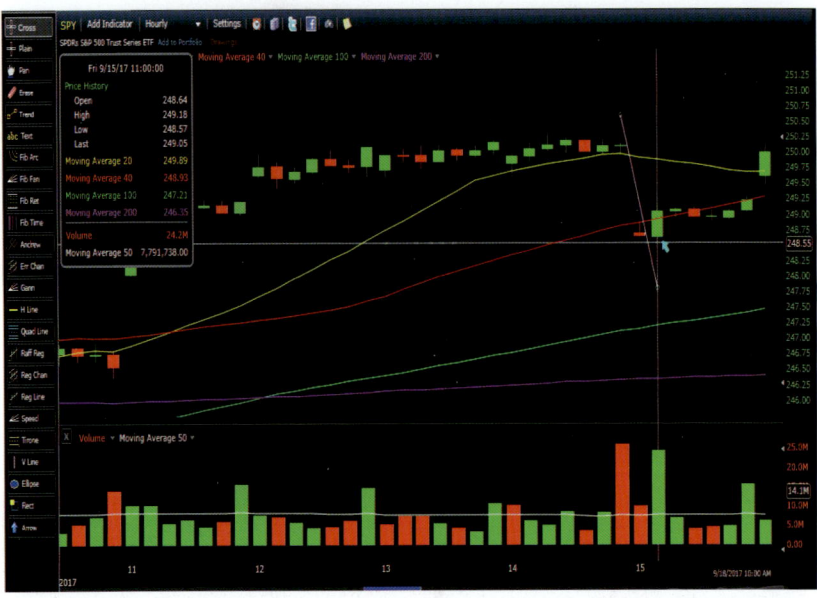

Este es un caso claro para explicar el volumen. La vela de las 11 am fue verde, la estrategia se cumplió completa, pues los promedios móviles están alineados; el de 20 está por encima del de 40 en el marco de tiempo hora. Al trazar una línea bajista, siguiendo la caída que presentó la vela de las 11 am, se rompe esa línea claramente. Además tiene volumen que confirma que los compradores están tomando el control.

Apenas ocurrió lo anterior, en esa ocasión compramos Opciones Call del SPY. El precio *spot* era 248,5 y compramos un precio *strike* 249,50 que costó $26 USD cada contrato. Al día siguiente esos mismos contratos se vendieron por $80 USD cada uno.

Este es un ejemplo claro del uso de las estrategias combinado con el volumen. Si el SPY hubiese tenido a esa hora solo 10 Millones, yo también hubiese realizado esa inversión de acuerdo con el presupuesto por *trade* con que manejo mi cuenta. Uno de los principios a tener presente es que nunca uso más del 10% del valor total de la cuenta para un *trade* o inversión.

El siguiente ejemplo es una estrategia idéntica, pero sin volumen de 20 MM en el SPY, aunque funcionó de hecho mejor, pues esta vez la inversión dio 400% en un día.

GRÁFICO SPY EN HORA
ESTRATEGIA PM 40 – VELA DE ENTRADA SIN VOLUMEN

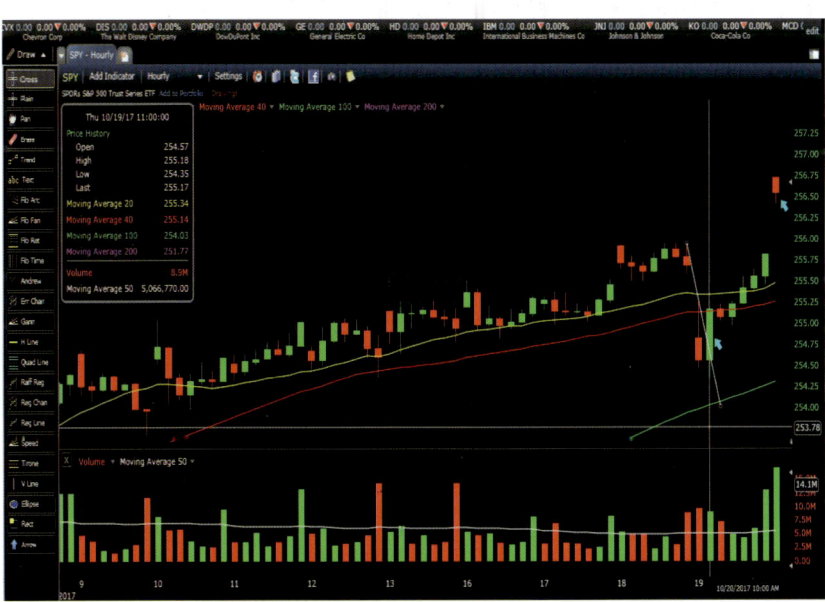

La vela que dio la entrada para la inversión es la vela grande que rompe la línea bajista. Al otro día abrió con *gap*, pero la primera vela fue roja. Esa es una señal fuerte de venta, por lo cual, al decidir vender más, los 400 USD invertidos en esta estrategia se convirtieron en 1800.

	10/20/2017	10/23/2017	SPY OCT 20 2017 255.50 C	Sold to Close 18 contracts of option SPY OCT 20 2017 255.50 C at $1.05	➡	($19.62)	$0.00	$1,870.38	No
	10/19/2017	10/20/2017	SPY OCT 20 2017 255.50 C	Bought to Open 18 contracts of option SPY OCT 20 2017 255.50 C at $0.26	➡	($19.55)	$0.00	($487.55)	Yes

EL VOLUMEN PIERDE VALIDEZ SEGÚN LA TENDENCIA DONDE SE ENCUENTRE

Algunos analistas técnicos ven el volumen como una variable irrefutable para decidir cuándo invertir. No estoy de acuerdo con eso, y mi investigación concluye que la tendencia donde nos encontremos está muy por encima o tiene mayor peso que la variable del volumen.

Lo anterior quiere decir que, si estamos en tendencia al alza, y vemos una caída con un volumen inusualmente alto, y nos encontramos en zona de soporte o de piso fuerte, ese volumen no necesariamente indica cambio de tendencia, o que viene una crisis en el mercado de valores. Por el contrario, esa caída puede estar reflejando una gran oportunidad para comprar, pues en una tendencia al alza las caídas son rápidamente compradas. A continuación, compruebo esto con una gráfica.

SPY
TENDENCIA AL ALZA - MARCO DE TIEMPO DIARIO

En esta gráfica podemos apreciar el comportamiento del S&P 500 durante el 2017. Es claro que la gráfica va en dirección ascendente, alcanzando máximos mayores (puntos o picos cada vez más altos). Este mercado es dominado por compradores. Aproveche las caídas o puntos inferiores para obtener precios más baratos, y venda en los puntos más altos para obtener sus utilidades; entonces vuelva y repita el ejercicio anterior.

En un mercado como el que estamos viviendo, los instrumentos que mejor funcionan son las compras regulares y las opciones *Call*. La mayoría de personas que han tratado de hacer *puts* basados en las noticias de guerras, noticias políticas, entre otras, han perdido dinero, pues en tendencias al alza lo que mejor funciona es comprar barato y vender caro; no hacer *shorts* o ventas en corto u opciones *puts*.

En mi primer libro defino "Piso Fuerte" como un nivel de precios que se respeta 2, 3 o más veces durante un período de 6 meses o más. Históricamente, el equivalente a un Piso Fuerte en el S&P 500, en el marco de tiempo diario, es el Promedio Móvil de 100 y 200.

No obstante, en 2017 el mercado de valores ha estado más alcista que de costumbre. Solo ha visitado el Promedio Móvil de 100 una vez. Por esa razón dibujé una línea arriba de dicho promedio, el cual ha cumplido más ese papel de piso fuerte durante este período de tiempo. Como podrá apreciar en el gráfico, el mercado ha caído, tocando esa línea; y en lugar de seguir cayendo los precios han rebotado y continuado su tendencia al alza. Esa línea ha sido visitada y respetada cerca de 8 veces, mientras el promedio móvil de 100 lo ha hecho solo dos veces.

¿Qué nos muestra lo anterior? Que en los niveles de piso fuerte los compradores aprovechan para obtener mejores precios. Además muestra que estamos en una tendencia al alza bien definida; y que mientras nos encontremos en esa coyuntura, lo mejor es comprar cuando el mercado nos dé la oportunidad, según la estrategia que estemos aplicando. Esto lo describiré con detalle más adelante.

A continuación, demuestro que las señales de venta y el alto volumen de venta son signos equivocados, pues la tendencia tiene mayor peso que dichos indicadores.

SPY
TENDENCIA AL ALZA – MARCO DE
TIEMPO DIARIO-MAYO 2017

En mayo de 2017 hay una señal con flecha verde, indicando una caída representativa durante ese día. Además de lo anterior, se presentó un volumen más alto de lo normal en las ventas. Ese día, se llegó a cerca de 180 millones de unidades del SPY vendidas. Cuando el volumen promedio fue de 75 millones de Etf's, todas las personas que se dejaron Influenciar por esa información per dieron dinero, ya que a su mente llegó el mensaje: "¡Compremos PUTS para ganar con esta caída, pues el mercado va a seguir cayendo!" Lo que ocurrió al día siguiente fue todo lo contrario; los compradores tomaron control exactamente donde estaba la línea de piso fuerte, y solo en una semana los precios habían alcanzado un nuevo máximo histórico. Las personas que estábamos esperando esta oportunidad y compramos opciones CALL, al día siguiente multiplicamos 15 veces la inversión, solo en una semana. Sugiero que visite la página *www.uoptions.co* donde puede encontrar mayor detalle de esta estrategia.

Otro momento donde salió un volumen de venta importante y el mercado hizo exactamente lo mismo, lo muestro en el siguiente gráfico:

SPY - TENDENCIA AL ALZA
MARCO DE TIEMPO DIARIO-AGOSTO 2017

En agosto 10 de 2017 también hubo una caída importante, representada por una gran vela roja. Durante ese día el volumen de venta fue alto; sin embargo, el mercado retomó su tendencia al alza y continuó manteniendo el mismo comportamiento alcista.

SPY – TENDENCIA AL ALZA
MARCO DE TIEMPO DIARIO - FINALES DE AGOSTO 2017

En agosto 17 por primera vez los precios rompen la línea de Piso Fuerte inicial que se había mantenido durante todo el 2017. Para quienes no conocen bien el mercado, esa pudo ser una señal de que se iba a entrar en cierto tipo de crisis o algo así. La vela que realizó esa ruptura fue roja y grande, que venía acompañada de un gran volumen. Sin embargo, entendía que esa era solo la primera vez que esto ocurría en ese año, y que debajo de esa línea estaba el siguiente piso, el cual es el promedio móvil de 100 en diario, que aparece dibujado con la línea azul. Recuerdo que ese mismo día me estaban entrevistando en la televisión. Me acompañaban dos personas de mayor edad y experiencia; los dos estaban relacionados con la academia. Uno es decano de economía de una prestigiosa universidad de Estados Unidos. La persona que nos entrevistó hizo la pregunta sobre qué pensábamos que iba a ocurrir con el mercado de valores en los próximos días o meses, a lo cual los dos respondieron que veían una fuerte crisis que se avecinaba y que lo mejor era vender todas las acciones y refugiarse en el oro y la plata.

Cuando me preguntaron sobre qué opinaba al respecto, yo contesté en base a los gráficos y conociendo la historia, de la siguiente forma: El mercado está visitando el Promedio Móvil de 100 en el marco de tiempo diario, el cual es un piso fuerte desde hace varios años. Hablar de crisis me parece irresponsable. Lo que opino está basado en hechos reales. Creo que el mercado va a continuar su tendencia al alza respetando ese nivel. Además, si esto ocurre, estaremos presenciando —como ocurrió en 2017— nuevos precios máximos muy pronto.

Eso fue exactamente lo que pasó al día siguiente y lo que continuó hasta finales de 2017, dando utilidades importantes a los que han sabido aprovechar estas oportunidades, que además no se presentan en ningún otro negocio en el mundo entero.

Con lo anterior quiero recordar que nuestras opiniones deben estar basadas en hechos reales fundamentados, no en creencias o comentarios sin sustento. La única forma de predecir el futuro es a través de los gráficos, entendiendo claramente el contexto o coyuntura económica en la cual nos encontremos.

ESTRATEGIAS A USAR EN UN MERCADO ALCISTA

Como mencioné anteriormente, lo que mejor funciona en activos en tendencia al alza son las opciones CALL. Estos instrumentos se valorizan cuando el activo subyacente sube de precio, y pierden valor al bajar de precio los anteriores. A continuación, describo las estrategias utilizando el análisis técnico que nos permitirá saber cuándo comprar estos instrumentos financieros y poder lograr utilidades realmente sobresalientes.

Estas estrategias son válidas bajo el supuesto que nos encontramos en tendencia al alza, caso en el que estamos en la actualidad con los principales índices bursátiles.

También debemos tener en cuenta que, el marco de tiempo para la mayoría de estas estrategias es "hora", excepto en la estrategia de piso fuerte, donde debemos utilizar dos marcos de tiempo: la primera parte en "diario" y la segunda en "hora".

Por último, estas estrategias están construidas utilizando índices de gran tamaño que representan casi todo el mercado bursátil, específicamente el S&P 500 utilizando el ETF – SPY. Debido al gran tamaño de este índice y a su importancia, los modelos y estrategias que he construido funcionan bastante bien. Esta situación podría no presentarse eventualmente con otros activos de menor tamaño. Cabe anotar que en la actualidad, acciones como Facebook, Apple y Amazon, algunas veces tienen comportamientos similares al SPY y aplican las estrategias que mencionaré a continuación.

Recuerde además que la condición para todas mis estrategias es que las compras deben hacerse a partir de las 11 am., y debemos comprar en vela en hora final y no en formación.

También es importante entender que el mercado nos da varias oportunidades por mes; por lo anterior, no es conveniente utilizar más del 10% del valor de su cuenta en una sola inversión.

1. ESTRATEGIA PROMEDIO MÓVIL DE 40 EN HORA

En esta estrategia debemos encontrarnos en tendencia al alza, no solo en día como tendencia dominante, sino en hora. Una de las formas de comprobar si nos encontramos en tendencia al alza, es observar que los precios o velas se encuentran por encima del promedio móvil de 20; éste a su vez se encuentra por encima del promedio móvil de 40; el de 40 por encima del de 100; y este último por encima del de 200. Los promedios de 20 y 40, sobre todo, deben verse paralelos como líneas de ferrocarril.

GRÁFICO SPY
ESTRATEGIA PM 40 EN HORA

Como podemos ver en el gráfico anterior, esa condición se cumple ratificando que nos encontramos en tendencia al alza.

Los promedios móviles también sirven para confirmar si estamos en zona barata o zona cara. En este caso, si nos encontramos en la parte superior, lejos del promedio móvil de 40 en hora, estamos en zona cara. Si hay una caída y estamos cerca o tocamos el promedio móvil de 40 estaremos en zona barata.

Para poder realizar compras de opciones CALL utilizando esta estrategia debemos cumplir lo siguiente:

▶ Estar en tendencia al alza (verificando los promedios móviles).

▶ Si se presenta una caída, debemos estar cerca o tocar el promedio móvil de 40 en hora.

▶ En la medida que la caída se va presentando habría que trazar una línea bajista tocando levemente las velas por encima. Dicha línea cumpliría una función de techo durante la caída, como podemos ver en el gráfico.

▶ Los precios deben romper esa línea con una vela verde bien formada.

Estos son algunos aspectos generales de esta estrategia. En la mayoría de los casos, el mercado sigue subiendo uno o dos días máximo y después cae nuevamente, buscando otra vez dicho promedio. Lo anterior indica que podemos tener rentabilidades del 100% al 300-400% máximo, en la mayoría de los casos. En algunas ocasiones he logrado más porque las opciones han reaccionado con mayor fuerza. Sin embargo, en esta estrategia es conveniente que utilice el *"Limit Price"* (Precio Límite) para vender, sobre todo si usted está comenzando su proceso de aprendizaje. Esta herramienta le permitirá vender automáticamente sus opciones cuando el precio se doble.

Para calcular el precio límite se deben realizar las siguientes operaciones:

Supongamos que compró 10 contratos CALL del SPY, y que esos contratos le costaron 0.30 USD, lo cual representa 30 USD por contrato, para una inversión total de $300 USD. Los *brókers* o firmas comisionistas de bolsa cobran aproximadamente de la siguiente forma cuando uno está invirtiendo en opciones: $7 USD fijo, más 1.25 USD por cada contrato. Si aplicamos la fórmula a este caso, nos daría lo siguiente: $7 USD + 1.25 * 10 contratos = 19.5 USD de comisiones. Si sumamos lo anterior al monto inicial de $300 USD, nos daría una inversión total de $319 USD.

Ahora tomamos ese monto y lo dividimos por el número de contratos, y nos da el costo unitario, incluyendo comisiones de $319/10 = $31.9. Ese valor se multiplica por dos para obtener el 100% limpio, es decir quitando el valor de las comisiones. $31.9 x 2 = $64 aproximadamente o $0.64.

En los seminarios que dicto, les menciono a los alumnos que están empezando, que en este negocio hay dos trabajos: uno, comprar bien y, dos, colocar el límite.

Colocar el precio limite después de la compra tiene varios beneficios. Uno de ellos es que el sistema queda programado para vender automáticamente. Otro beneficio es que si al siguiente día se presenta un *gap* o salto, él le va a vender al precio más caro que encuentre. Es decir, que así hayamos colocado 0.64 como precio límite, si el mercado abre en 1.5 o $150 USD, el sistema va a vender a ese precio.

En muchos casos la tarea más difícil para algunos es vender adecuadamente al precio límite. Esto va a servir para vender correctamente y evitarse malestares preguntándose, ¿por qué no vendí? Por último, si usted es una persona ocupada, esta herramienta le va a permitir ocuparse de sus asuntos sin tener que estar pendiente del computador todo el tiempo para saber cuándo vender.

2. ESTRATEGIA DEL CANAL BAJISTA

Una de las claves para tener éxito en las inversiones es dibujar adecuadamente los canales y líneas bajistas. Recuerdo que cuando era niño dibujaba bastante mal; por eso, para pasar la materia, tenía que hacer trabajos de pintura de brocha gorda y regalarle tarros de pintura al profesor. Es irónico que unos años más tarde, dibuje en mi plataforma líneas de gráficos de forma sobresaliente, y que esas líneas generen cientos de miles de dólares al año.

Con el tiempo, mientras ganaba experiencia en el mercado de Valores, me valí del ensayo y error para ir descubriendo los aspectos claves del mercado. Esto me permitió formular mis propias estrategias y alcanzar el éxito que gozo en la actualidad. El beneficio no ha sido solo para mí, sino también para cientos de estudiantes que acuden a nuestros seminarios.

Uno de los hallazgos más importantes fue descifrar esta estrategia con el SPY y algunos otros índices y acciones. En este sector, algunos *traders* e inversionistas se bloquean mentalmente y comienzan a perder y perder en cada inversión que hacen. Ellos creen que están pasando por un mal momento en su vida, o que están en una racha o temporada de mala suerte. Lo anterior, de acuerdo con mi experiencia, no existe. Lo que ocurre, con seguridad, es que se encuentran dentro de un canal bajista, y en esa zona, comprar es muy mala idea.

A continuación explicaré en qué consiste la estrategia del Canal Bajista, y qué cuidados debemos tener cuando nos encontramos con dicha estrategia.

Los canales se forman con dos puntos de caída. Al unir esos puntos vamos formando el techo del canal. Estos canales normalmente se forman una vez la estrategia del promedio móvil de 40 se termina, razón por la cual los promedios móviles se cruzan y ahora nos encontramos en tendencia a la baja en hora o canal bajista.

Seguidamente veamos en el gráfico un canal bajista. El marco de tiempo para esta estrategia es hora.

CANAL BAJISTA EN HORA - SPY

Como podemos ver, este canal se formó con dos puntos superiores. A partir de ahí trazo una línea bajista uniendo esos dos puntos, y manteniendo la pendiente voy estirando esa línea bajista. Lo que debemos hacer es esperar a que los precios rompan la línea del techo con una vela verde bien formada, después de las 11 am.

Lo anterior nos estaría indicando futuras subidas en los precios, y por supuesto incrementos importantes en el valor de las opciones.

En esta estrategia en especial, los precios pueden subir durante varios días, si el canal se encuentra formado cerca de un piso fuerte en diario. Un buen indicador para vender se presenta con la primera vela roja (930-10 am). Si esto ocurre, en la mayoría de los casos los precios comienzan a caer.

Cuando estamos dentro de un canal bajista, la mejor estrategia es esperar a que los precios rompan el techo. Comprar dentro del canal, por atractivo que parezca, en casi todos los casos es mala idea. Las opciones parecen no funcionar muy bien cuando estamos en esa coyuntura y a los precios les cuesta trabajo tomar una dirección definida.

En canales bajistas se han visto casos que, aun subiendo los precios de forma significativa, las opciones CALL no han correspondido a dicho movimiento.

El siguiente gráfico demuestra por qué comprar dentro un canal no funciona nada bien.

CANAL BAJISTA EN HORA - SPY

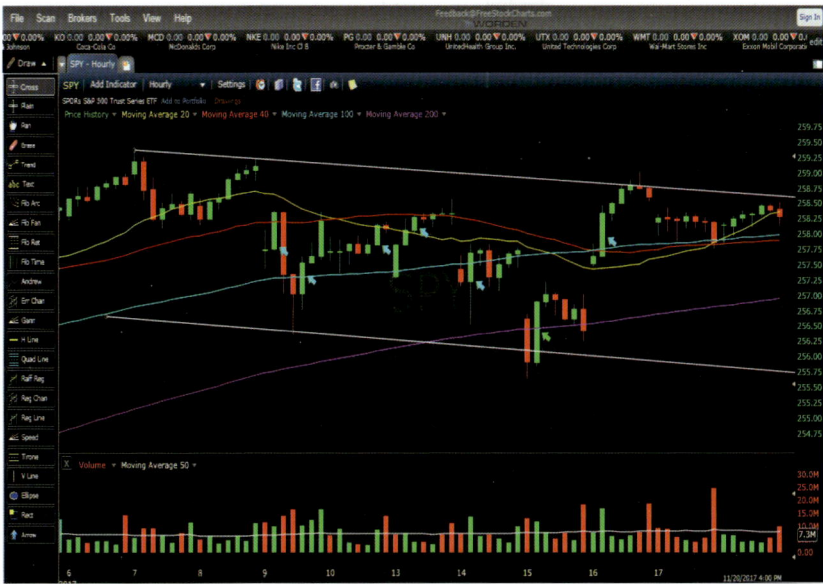

En este gráfico podemos ver un canal bajista claro. Además, están los dos puntos en la parte posterior que nos marcan el techo, y se crea una línea paralela para el piso. Al interior de ese canal he marcado 7 puntos de posibles entradas, de los cuales solo funciona uno, el que se encuentra marcado con la flecha verde. ¿Cuál es la razón para que de siete entradas solo funcione una?

La razón es que estamos en un canal bajista, y comprar dentro del canal es una mala idea. Si compramos dentro del canal, la mayoría de las veces no va a funcionar. Por el contrario, si compramos cuando los precios rompen el techo del canal —en la mayoría, por no decir en todos los casos—, los precios siguen su dirección ascendente, produciendo utilidades importantes a los compradores de opciones CALL.

Para terminar con la explicación de esta estrategia es importante mencionar que, cuando me encuentro en un canal bajista no me fijo mucho en los promedios móviles. Lo más importante es que los precios rompan el techo del canal.

Por último, muestro nuevamente el canal bajista y la zona de compra.

CANAL BAJISTA EN HORA – SPY

3. ESTRATEGIA DE CAÍDA REGULAR Y CAÍDA FUERTE

En algunas ocasiones, con una tendencia al alza, los precios tocan el promedio móvil de 40 y en lugar de romper la línea con vela verde y comenzar a subir, siguen cayendo. ¿Qué hacer en esos casos? La respuesta es: podríamos estar cerca de tener una caída normal o una caída fuerte.

Una caída normal en el SPY es aquella en que los precios caen aproximadamente 2 o 3 puntos, lo cual representa una caída cercana al 1%. De igual forma, como en la estrategia del promedio móvil de 40, debemos trazar una línea bajista; y cuando la rompa con vela verde nos estaría dando una señal de compra.

La caída fuerte se da cuando los precios caen 5, 6 o más puntos; esto corresponde a un 2%. De igual forma, seguimos la caída con la línea bajista y cuando rompa nos estaría dando señal de compra.

El marco de tiempo para analizar nuestro gráfico para estas dos estrategias es el marco de tiempo hora, conservando los mismos supuestos de horario y vela final.

GRÁFICO SPY ESTRATEGIA DE CAÍDA NORMAL

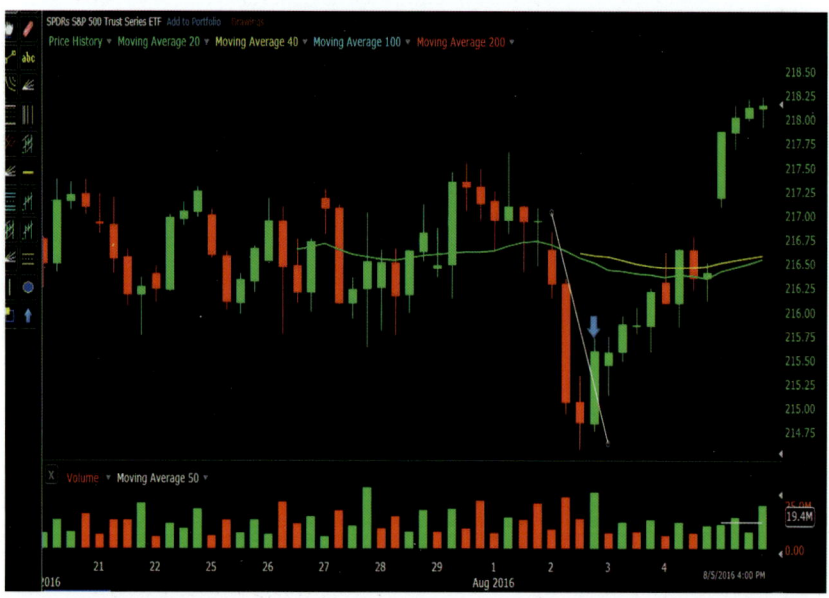

En este gráfico podemos ver que los precios caen de 217.5 a 214.5 aproximadamente. Seguimos la caída con la línea bajista y vemos la vela verde grande que rompe la línea, indicándome una fuerte señal de compra. Como podemos ver, los precios subieron no solo durante ese día sino durante el día siguiente, obteniendo también rentabilidades muy significativas para los poseedores de opciones CALL.

Aprovecho esta estrategia para dar la tercera razón por la cual muchos inversionistas en el mundo pierden dinero, y es porque se vuelven compradores y vendedores compulsivos rápidos. Muchas personas compran una posición, y cuando ven una vela roja se asustan y venden rápidamente.

El remedio para esto es comprar sin emoción, solo basado en las estrategias y supuestos de estos modelos; y vender cuando haya logrado su objetivo de rentabilidad, utilizando la herramienta límite, o irse con la tendencia hasta que encuentre una primera vela roja al día siguiente. Pero no venda impulsivamente. Tenga paciencia para esperar que el movimiento se dé adecuadamente, cosa que ocurre la mayoría de las veces.

He conocido personas que venden por recuperar $20 o $30 USD, para después darse cuenta que, si no hubiesen vendido habrían ganado $300 o $400 USD.

Quien cumplió las reglas y compró bien, debe esperar hasta lograr por lo menos un 100% de utilidad con su inversión.

ESTRATEGIA DE CAÍDA FUERTE - SPY

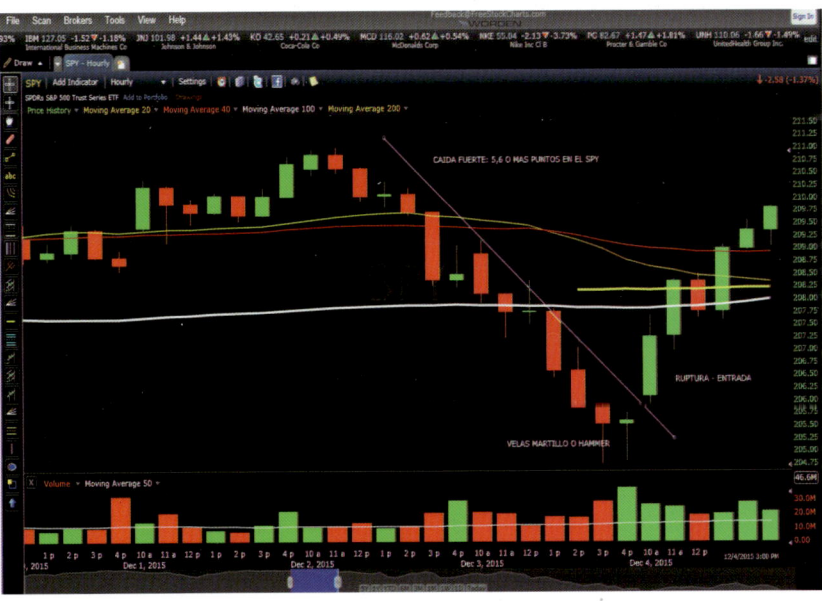

Con esta estrategia aprovecho para describir el escenario ideal que uno espera. Podemos ver una caída de 6 puntos en el SPY aproximadamente, luego salen dos velas martillo, las cuales me dicen que "estoy parando de caer" pues, aunque trataron de vender, los compradores subieron los precios de nuevo. Posteriormente la vela que da la entrada, rompiendo el techo al otro lado de la línea, dándonos señales fuertes de compra.

En esta estrategia se logran rentabilidades entre un 100% y 500% en opciones, dependiendo de las opciones y los tiempos de expiración.

4. ESTRATEGIA DE PISO FUERTE - SPY

Esta estrategia es la única que contempla dos marcos de tiempo: la primera parte se da en el marco de tiempo diario y la segunda en hora. Recuerde que en todas las estrategias, la decisión final se toma siempre en el marco de tiempo hora. Es por esa razón que puedo explicar todas mis inversiones con fecha y hora exacta. La mayoría de las personas no tienen ese nivel de precisión, sino que compran por áreas, o porque los precios tocaron algún piso o promedio móvil. Invertir de esa forma es ambiguo y confuso. Pero cuando compramos basados en estrategias y horarios adecuados, utilizando los principios descritos en este libro, así como en nuestros seminarios y entrenamientos, tendrá mucha más exactitud y eficiencia en sus inversiones. De esta manera, obtendrá rentabilidades que muy pocas personas logran en su vida.

Definamos primero lo que es Piso Fuerte. Es un nivel visitado y respetado por los precios, dos o más veces, en un período de tiempo de 6 meses en adelante; la mayoría de las veces son períodos mayores a un año. En el caso del SPY, así como en varias acciones importantes, un piso fuerte es el promedio móvil de 100 en diario. Cabe aclarar que en 2017, con la nueva presidencia, el mercado ha estado más alcista de lo normal y el SPY no ha visitado regularmente ese promedio durante ese año. Por lo anterior, he tenido que buscar un piso más arriba de dicho promedio, que me permita identificar dicho soporte o piso con más exactitud.

En el próximo gráfico veremos ese piso fuerte, así como el promedio móvil de 100, el cual en esta coyuntura actuaría como un segundo nivel o piso; y el promedio móvil de 200, que en este caso actuaría como un tercer piso. Recuerde que los promedios móviles me ayudan a identificar zonas baratas y zonas caras. En el marco de tiempo diario, identificar esos pisos fuertes es muy valioso, pues ayuda a obtener utilidades muy importantes. En algunos casos, pueden ser más de 20 veces la inversión, solo en una semana.

GRÁFICO SPY
PISOS FUERTES MARCO DE TIEMPO DIARIO

Como podemos ver en el gráfico, cada vez que los precios han visitado la línea que dibujé (Piso Fuerte), éstos en lugar de bajar han subido nuevamente. En ciertos casos no solo han subido, sino que han recuperado toda la caída previa. Hay que tener en cuenta que en una tendencia al alza, las caídas son oportunidades; pero el tamaño de la caída, además, me da el tamaño de la posible recompensa.

En esta estrategia de Piso Fuerte debe ocurrir lo siguiente: primero, siempre debe haber una caída y los precios deben tocar o estar cerca del piso fuerte en diario. Cuando ya estamos en esa zona, debo cambiar el marco de tiempo a "hora" e ir realizando la línea bajista, siguiendo dicha caída. Cuando los precios rompan la línea bajista, con una vela verde en hora, después de las 11 am, siendo ésta una vela final, ése es el punto óptimo para comprar nuestras opciones CALL y obtener rentabilidades importantes. En hora debe ocurrir lo siguiente:

GRÁFICO SPY EN HORA
ESTRATEGIA DE PISO FUERTE

En este caso, la rentabilidad realizada fue del 1100% en un período de tiempo de solo una semana, debido a que los precios reaccionan rápidamente y comienzan a subir. Esto se debe a que los compradores toman el control rápidamente en esta zona.

A continuación, coloco el caso de FACEBOOK (FB), cuando en el mes de diciembre de 2017 esta acción cayó hasta llegar al promedio móvil de 100 en diario; posteriormente muestro lo que debe de ocurrir en hora.

GRÁFICO DE FACEBOOK – MARCO DE TIEMPO DIARIO – ESTRATEGIA DE PISO FUERTE

Recuerdo que este *trade* lo dije en televisión, pues Facebook se estaba acercando al promedio móvil de 100 en diario, y yo ya mentalmente me preparaba para esta oportunidad.

Cuando estaba en Piso Fuerte cambié el marco de tiempo a hora y tracé mi línea bajista, siguiendo la caída, hasta que la rompiera con vela verde y me diera la entrada que estaba esperando. Lo anterior lo muestro a continuación en el gráfico de "hora".

GRÁFICO DE FACEBOOK – EN HORA
ENTRADA DE PISO FUERTE

La entrada fue donde señalo en vela verde, a las 11 am del 6 de diciembre. La vela además de eso presentó un volumen importante en hora, el cual en el caso de FB es de 3 millones de unidades en promedio. Sin embargo, en esta oportunidad fue de 4.6 millones, muy superior al requerido en esta acción. Al día siguiente, el mercado abrió en vela verde, lo cual es importante; y continuó su comportamiento ascendente durante el día. El viernes 8 de diciembre abrió con vela roja, lo cual es una señal fuerte de venta. En ese momento pude vender mi inversión, logrando 11 veces el capital invertido en un período de dos días.

5. ESTRATEGIA DEL PRIMER GAP AL ALZA

El primer *gap* al alza es una estrategia increíble que complementa la del Piso Fuerte, aunque en ciertos casos la estrategia del Piso Fuerte se presenta sin el primer *gap* al alza. Los *gaps* son saltos o discontinuidades en los precios, los cuales nos informan de cambios de tendencia o del fin de una caída.

El primer *gap* al alza es una estrategia muy estricta, pues debe presentarse exactamente como se la voy a describir. Si una sola variable no se presenta al detalle, existe una gran probabilidad de que sea un falso *gap* y no se obtenga la proyección ni el resultado esperado. Sin embargo, esta estrategia se puede identificar de una forma fácil una vez que se entienden los parámetros.

Antes de describir la estrategia, permítame mostrarle gráficamente lo que ocurre después de un primer *gap* al alza, cuando se presentan y cumplen todos los requisitos.

GRÁFICO SPY
PRIMER GAP AL ALZA

Como podemos ver en este gráfico, el SPY está cayendo de forma importante. Además de eso nos encontrábamos en zona de piso fuerte y ocurrió un salto en vela verde. Es importante entender que los requisitos del primer gap al alza se identifican en el marco de tiempo hora, pero este gráfico lo muestro para que usted pueda ver que, una vez que se presenta el primer *gap* o salto, los precios rápidamente llenan el total de la caída. La mayoría de veces que esto se presenta, los precios suben 10 -12 o más puntos en tres días o una semana. Lo anterior, en opciones financieras, puede producir una rentabilidad de 20 o 30 veces la inversión.

GRÁFICO SPY
PRIMER GAP AL ALZA

El primer *gap* al alza es, además, la primera señal de cambio de tendencia y el anuncio del fin de una caída. Es decir, que si venimos de una caída importante como las que muestro a continuación y nos encontramos cerca de una zona de piso fuerte, y posteriormente vemos un primer *gap* o salto al alza, esas son señales importantes de que los precios no van a caer más, sino que van a cambiar de nuevo a una tendencia al alza. Otro aspecto importante es que cuando se da un primer *gap* al alza, todo el tamaño de la caída se recupera y en muchos casos se supera, una vez que se presenta dicho *gap*. Es una señal de importancia que debemos tener en cuenta para realizar inversiones.

FACEBOOK PRIMER GAP AL ALZA

Esta acción en el mes de julio de 2017 venía cayendo de forma considerable. Estaba además cerca de un piso fuerte y se presentó en salto en los precios donde se marca la flecha azul. A partir de ahí comenzó a subir 5 días seguidos, recuperando toda la caída y la sobrepasó. Subió cerca de 12 puntos, lo que representó utilidades del 2500% o 25 veces la inversión, solo en una semana, para los que habíamos comprado opciones CALL de dicho activo.

En esta estrategia siempre debemos venir de una caída y visitar o estar cerca de un piso fuerte en diario. Cuando ya sabemos que estamos en esta situación, cambiamos al marco de tiempo hora, trazando la línea bajista. Debemos tener en cuenta que, antes de la estrategia del primer *gap* al alza puede darse la entrada o compra a través de la estrategia del piso fuerte. Es decir, la primera inversión, la mayoría de veces, se da en la estrategia del Piso Fuerte.

El primer *gap* al alza sería una confirmación positiva de que la primera entrada está bien; además, también es una segunda oportunidad para invertir un poco más.

Es importante también tener en cuenta que, algunas veces la entrada de piso fuerte no se da de forma clara, pero de repente aparece un primer *gap* al alza, que sería nuestra primera inversión.

A continuación, muestro cómo se ve en hora nuestro *gap* al alza, utilizando diferentes instrumentos financieros.

SPY MARCO DE TIEMPO HORA – PRIMER GAP AL ALZA

En este gráfico podemos ver que antes del *gap* hubo una entrada de piso fuerte, donde está la primera flecha azul. Al día siguiente se presentó un salto y después de esa señal los precios siguieron su dirección alcista.

FACEBOOK MARCO DE TIEMPO HORA
PRIMER GAP AL ALZA

En este gráfico apreciamos que los precios venían cayendo y se presentó un salto. A partir de ahí los precios subieron 10 puntos en solo una semana. Esto se presentó también en Facebook en el mes de enero de 2017, cuando las utilidades fueron cerca de 30 veces la inversión, en solo una semana.

Las condiciones del primer *gap* al alza son simples, pero muy estrictas. La primera vela siempre debe ser verde. Cuando se termina de formar dicha vela (9:30 a 10 am) debemos trazar un piso, y durante todo el día los precios no pueden romper dicho nivel. Por lo anterior, para comprar un primer *gap* al alza se debe esperar hasta las 400 pm en el caso del SPY y para las demás acciones, debemos esperar hasta las 3:57 pm aproximadamente, pues estas no permiten comprar opciones después de las 400 pm. El único instrumento que permite esto es el SPY, hasta las 4:15 pm como máximo. Comprar a estas horas asegura que los precios no rompan el piso del gap, lo cual es fundamental para tomar la decisión de compra.

Otro requisito importante es que, en cualquiera de las velas verdes del *gap* debemos tener volumen. Este volumen debe ser mayor al promedio de las transacciones comunes. En el caso del SPY el volumen es 20 millones en hora. Las velas donde se presente este volumen deben estar bien formadas y ser velas alcistas, con cuerpos muy superiores a las colas. Las velas que tienen forma de martillos invertidos o colas pronunciadas en la parte superior no son tenidas en cuenta para este requisito, pues no funcionan adecuadamente. A continuación, muestro cómo debe ser este requisito en hora:

NFLX MARCO DE TIEMPO HORA – PRIMER GAP AL ALZA

Como muestra el gráfico, la acción de Netflix presentó un primer *gap* al alza. La primera vela fue verde, los precios respetaron el piso del *gap* durante todo el día, el volumen fue importante y muy por encima del promedio. A partir de ese día los precios subieron 14 puntos, en solo dos días, produciendo utilidades del 3000%.

El primer *gap* al alza podemos resumirlo entonces de la siguiente forma: siempre se da después de una caída y se presenta cerca de un piso fuerte. El primer *gap* al alza no puede descifrarse en día sino solo en hora. La primera vela debe de ser verde; a partir de ésta se dibuja el piso del *gap* y debe respetarse durante todo el día. Las velas deben de ser alcistas, especialmente la que tiene el volumen, la cual debe superar el promedio de las transacciones habituales. En Netflix vemos claramente que la primera vela tuvo un volumen muy por encima del promedio. Cuando estos requisitos se cumplen, los precios recuperan la caída previa o suben a un nivel superior en cuestión de 2 o 3 días, máximo en una semana.

A partir de que se da el *gap*, es importante que la vela de apertura de los próximos días sea verde y que respete los pisos de cada día. La mayoría de veces el movimiento fuerte ocurre en una semana o menos. Por ese motivo, cuando compro opciones en esta estrategia, lo hago con expiraciones a una semana en *"strikes out of the money"* o por fuera del dinero, pues de esta forma puedo lograr la máxima rentabilidad en el mercado de valores.

A continuación, comparto algunos *trades* o inversiones donde he multiplicado 10 y 20 veces la inversión, utilizando estas estrategias.

RENTABILIDADES EN AMAZON
PISO FUERTE Y GAP AL ALZA

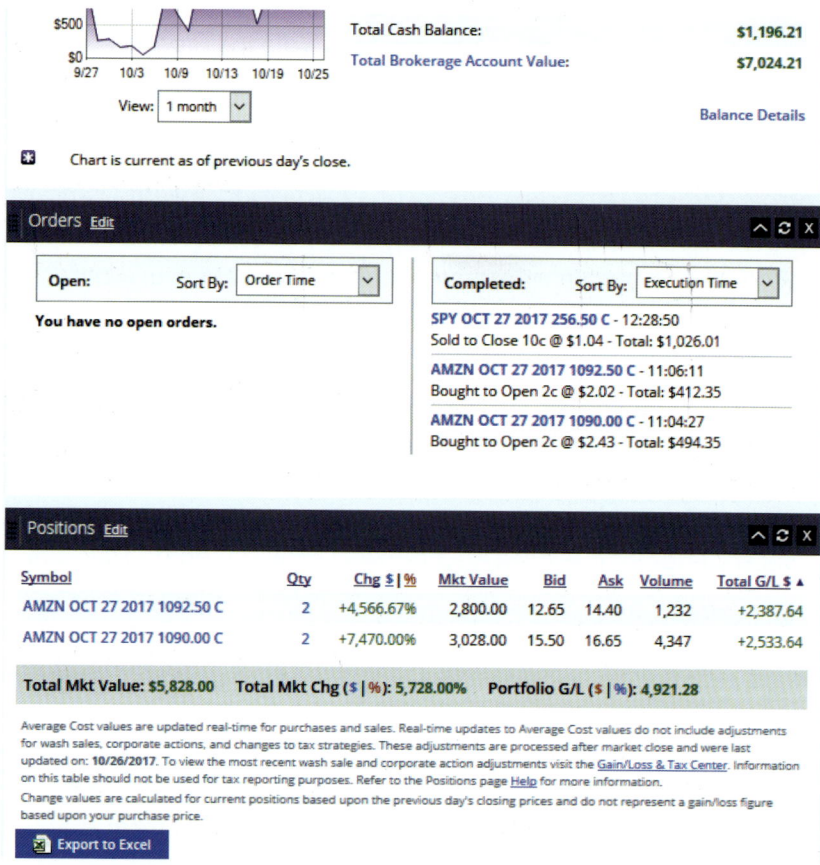

Usando esta estrategia se logró entre 14 y 15 veces la inversión, solo en un día, debido a las señales descritas. De esta forma, $800 USD se convirtieron en $7000 USD, en un día. Lo anterior se da por el apalancamiento a través del uso de opciones financieras; en este caso opciones CALL, pues son las más adecuadas para usar cuando hay tendencia al alza.

RENTABILIDADES EN FACEBOOK
PISO FUERTE

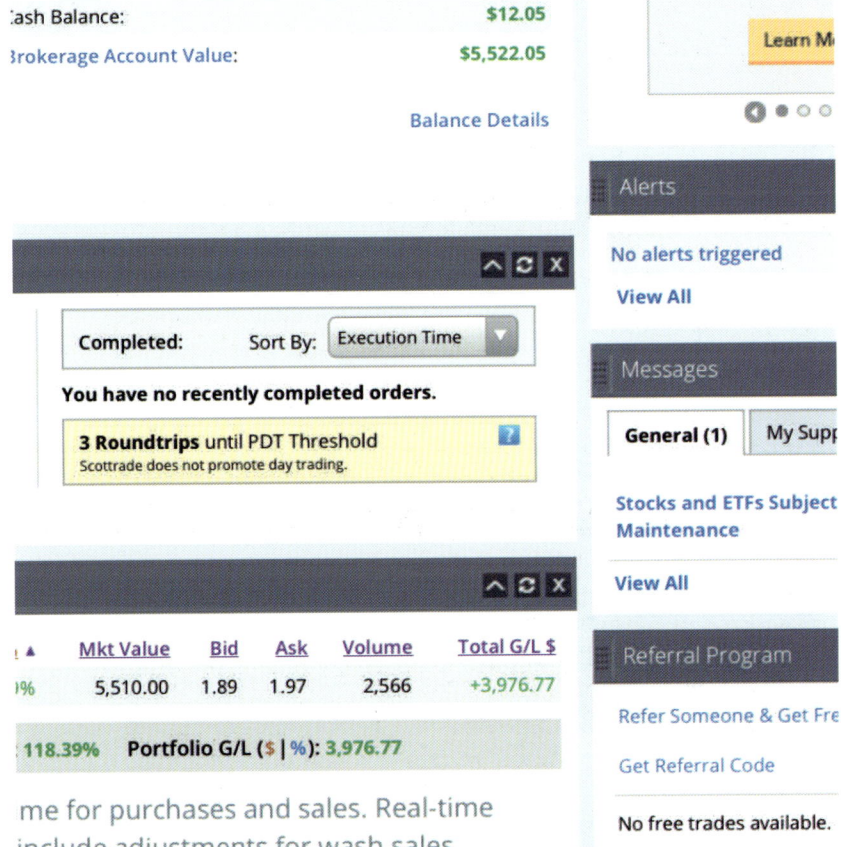

En este *trade*, solo con 470 USD logré $5000 de utilidad, en dos días, aplicando la estrategia del *gap* al alza y la del Piso Fuerte. Esto es 10 veces la inversión o un 1000%. En Facebook también usé opciones *call out of the money* o por fuera del dinero, con vencimiento a una semana, las cuales presentan la mayor rentabilidad ante este tipo de movimientos.

AMAZON
ESTRATEGIA DE PISO FUERTE

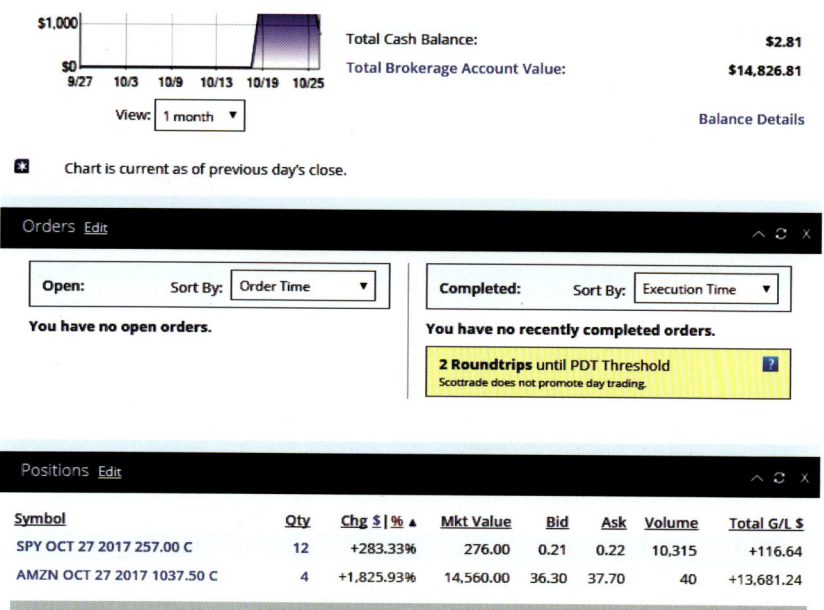

En esta oportunidad pude hacer $13,600 USD en la primera parte de esta estrategia solo con $800 USD en un día. Eso es casi un 2000%. Más adelante vendí estos instrumentos a 4000 USD cada uno, obteniendo $16800 USD.

VENTA FINAL DE LA ESTRATEGIA EN AMAZON

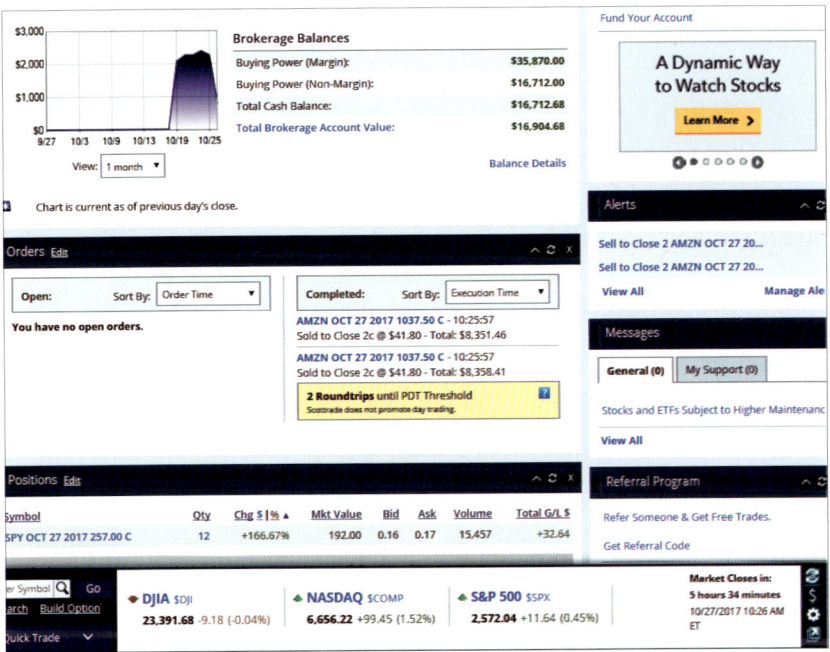

Todas las estrategias descritas anteriormente son maravillosas y mis modelos funcionan; lo he demostrado innumerables veces. Lo importante es que no solo me funcionan a mí sino a miles de mis estudiantes. Llegar hasta aquí no fue fácil, pero el proceso ha valido la pena y ha pagado con creces todos mis esfuerzos. Nunca pensé que iba a descubrir algo de esta magnitud y le doy gracias a Dios por ello. Esto es muy importante, porque millones de personas pierden dinero por falta de conocimiento. Pero sé y he visto que, cuando una persona quiere cambiar, si abandona sus egos y malos hábitos y además está entrenado, no hay nada que lo pueda detener. El mercado de Valores es un sistema que puede trabajar a su favor si lo trata con respeto y aplica las reglas y condiciones que describimos en este libro.

Por último, quiero darle algunas reglas y le sugiero no las olvide.

1. No invierta sino aquella suma que está dispuesto a arriesgar.
2. Nunca utilice capital de otras personas para esta actividad.
3. Antes de invertir simule por lo menos un mes (*Paper Money*).
4. Recuerde que la mejor inversión es aprender a invertir.
5. Nunca entregue su dinero a nadie; su tarea es aprender a manejarlo.
6. Las oportunidades se repiten, no arriesgue más del 10% de la cuenta en cada *trade*.
7. Controle sus riesgos y use las gráficos para tomar decisiones.
8. Aprenda a comprar, pero también a vender; no deje que la avaricia le quite las utilidades.
9. Aprenda a tomar sus utilidades a tiempo; si no lo hace, el mercado se las quita.
10. Enfóquese solo en el S&P 500. Esto lo convertirá en un experto en un solo activo y así no pierde tiempo en otras acciones o índices.
11. En esta actividad es importante tener un guía o entrenador. Lo mismo sucede en todos los deportes. Aprenda con nosotros, tenemos cientos de estudiantes exitosos con nuestras estrategias y métodos.

Es importante que asista a nuestros entrenamientos. Si quiere hacerlo *online* visítenos en la página *www.uoptions.co* Si quiere venir a los entrenamientos, envíe un correo a *info@uoptions.us* Esto vale la pena y es una fuente de ingresos perpetua, siempre que persevere y dé lo máximo. Usted también puede hacerlo.

¿QUÉ SIGNIFICA INVERTIR CON PODER?

Invertir con poder significa, de acuerdo con mi experiencia, poder explicar con exactitud por qué realizamos la compra de un determinado activo financiero. Es tener siempre una estrategia que respalde esa inversión. Por último, es saber usar el apalancamiento financiero, el cual nos permite ganar mucho invirtiendo poco.

El instrumento que me acepta esto son las opciones financieras, las cuales forman parte del grupo de "derivados financieros". Estas no son acciones ni índices, sino que se derivan de ellas. A diferencia de las acciones e índices, las opciones financieras tienen una fecha de expiración o *expiration date*, por lo que después de esa fecha, las opciones desaparecen o expiran.

Las opciones son parecidas a un seguro, y para adquirirlas debemos pagar una prima. Sin embargo, solo por pagarla tenemos derecho a que, en la medida que el activo se mueva en la dirección correcta, dicha prima también suba de precio.

Tenemos dos tipos de opciones: CALL y PUT. Las opciones CALL las utilizamos cuando podemos predecir que el índice o la acción va a subir de precio y queremos ganar dinero en esa dirección. Ese tipo de opción funciona muy bien en tendencia al alza, coyuntura actual de los mercados financieros y sus principales índices y acciones. Las opciones PUT se valorizan cuando el precio del activo baja, y funciona muy bien en tendencias a la baja.

Una opción financiera es como tener un paquete de 100 acciones o índices. En el caso del SPY, el precio actual a enero de 2018 está en $283 USD. Si fuese a comprar 100 de esos instrumentos tendría que invertir $28,300. Ahora, supongamos que el SPY sube de 283 a 286; es decir, 3 puntos, y yo decidiera vender; el resultado sería 28,600 menos las comisiones de compra y venta que podrían ser 14 USD. Como se ve en este ejercicio, la inversión fue muy alta y la rentabilidad muy baja, lo cual hace este ejercicio poco atractivo.

Por el contrario, con ese mismo movimiento otra persona decide comprar opciones del SPY. Suponga que compró una opción CALL del SPY, con fecha de expiración a una semana, las cuales son más rentables. En la medida que escojo más tiempo, las primas son más caras y la reacción de las opciones frente al cambio, en el activo subyacente, es menor cuanto más tiempo compro. Ese instrumento, dependiendo del *strike price* —del cual hablaré a continuación— puede tener un costo aproximado de $0.30 USD (prima); es decir, pago $30 USD y tengo la probabilidad de que ese valor pueda generar entre un 100% o mucho más en un periodo de un día o hasta una semana. Para esa fecha debo de vender, pues debo tomar la utilidad y además debo vender siempre antes de la fecha de expiración, si estoy *in the money* o en el dinero. Esta situación ocurre cuando el precio del activo pasa por el precio *strike*. El SPY, a diferencia de otros ETF's de índices y acciones, cuenta con tres vencimientos semanales (lunes, miércoles y viernes). Los demás solo tienen vencimiento los viernes. Es importante que recuerde que puede vender en cualquier momento una vez haya logrado su rentabilidad. De hecho, la opción puede duplicarse o triplicarse el mismo día.

Con un movimiento similar al del caso anterior, donde el SPY subió de $283 a $286, donde invirtiendo $28,300 USD se generaron $300 USD aproximados de utilidad. Una persona que invirtió solo $30 en opciones financieras, pudo obtener exactamente los mismos $300 USD o más debido al poder del apalancamiento financiero.

Las opciones tienen una ventaja muy importante: el riesgo es limitado, pues solo amenazan el valor invertido. Es decir, que si invierte $100 USD, ése es su mayor riesgo, sin importar si tiene en su cuenta 20 mil dólares, los cuales no serán afectados por el resultado del ejercicio. Pero las utilidades no tienen límite, si el activo sube durante varios días. He visto muchas veces opciones que costaban $20 o $30 USD cada una, después de 3 o 4 días costar $600 o hasta miles de dólares, dependiendo del movimiento del activo.

Durante mi experiencia en el mercado he podido deducir que los movimientos fuertes al alza ocurren rápidamente. Por lo anterior, no es muy astuto comprar demasiado tiempo por las razones antes mencionadas (costo y rentabilidad).

Lo mismo ocurre al momento de escoger el *Strike Price*. Para esta variable debemos tener en cuenta que existe un precio actual del activo. Por ejemplo, supongamos que el SPY se encuentra en 283, el cual es el precio *spot* o actual. Todos los precios menores a ése se encuentran en un área que llamaremos *"in the money"* o en el dinero. Esa área tiene dos inconvenientes: las opciones son más caras y menos rentables, y algo que se llama valor intrínseco; es decir que el precio del activo ya pasó por el precio *strike*, y la opción puede ejercerse si se compró con ese propósito.

Las opciones nos dan el derecho a comprar o vender un activo a un precio determinado, durante un período de tiempo específico; quiere decir que, pagando una prima podemos pactar el precio de algo antes de su compra. Sin embargo, no uso las opciones para comprar activos en el futuro, sino para hacer que el dinero trabaje para mí de forma rápida e inteligente. Esto ocurre cuando las primas se valorizan, producto de la subida en los precios, y siempre tomo la utilidad antes del vencimiento o fecha de expiración. En febrero de 2018 compré opciones CALL de AAPL a 0.60 USD o $60 USD. Las compré un lunes y las vendí el viernes a las 12:36 pm a su máximo precio $915 USD. Con solo 24 contratos y una inversión total de $1440 USD, pude realizar $22,000 USD en solo una semana.

Espero conocerlo muy pronto en uno de mis seminarios *on-line* o presencial. Siga adelante en su proceso y entrenamiento, ya que en esta actividad no hay límites. En la medida que el dominio y contexto de sus emociones y mente crezcan, el dinero también lo hará de forma proporcional. Como he mencionado, en esta actividad hay que tener el control. Si pierde el control también perderá su dinero. Algo que me ha diferenciado de muchos que han fracasado, ha sido perseverar y estar dispuesto a cambiar mis hábitos y errores. ¡No pare ni se desanime. ¡La recompensa es grande!

GLOSARIO

ACCIÓN. Título de propiedad de carácter negociable representativo de una parte alícuota del patrimonio de una sociedad o empresa. Otorga a sus titulares derechos que pueden ser ejercidos colectivamente y/o individualmente.

ACCIONES EN CIRCULACIÓN. Número de acciones emitidas por una sociedad que pueden ser libremente transadas en el mercado.

ACCIÓN DE GOCE. Es la que se entrega a un socio para compensar aportes de servicio.

ACCIÓN INACTIVA. Aquella que no ha registrado cotización oficial en ninguna bolsa de valores del país durante los últimos treinta (30) días calendario.

ACCIÓN NOMINATIVA. Acción que identifica el nombre de su propietario. Su transferencia debe ser registrada en un libro especial en la empresa emisora, denominado LIBRO DE REGISTRO DE ACCIONES. Por ejemplo, en la actualidad, de acuerdo con las normas del Pacto Andino, las acciones en Colombia sólo son de esta clase.

ACCIÓN ORDINARIA. Acción que tiene la característica de conceder a su titular ciertos derechos de participación en la sociedad emisora entre los cuales está el de percibir dividendos y el voto en la Asamblea.

ACCIÓN PREFERENCIAL. Acción que da a su poseedor prioridad en el pago de dividendos y/o en caso de disolución de la empresa, el reembolso del capital. Tiene prerrogativas de carácter económico que pueden ser acumulativas, según los estatutos. No da derecho a voto en las Asambleas de los accionistas, excepto cuando se específica este derecho, o cuando ocurren eventos especiales como la no declaración de dividendos preferenciales.

ACCIÓN PRIVILEGIADA. Esta clase de acciones otorga a su titular, además de los derechos consagrados para las acciones ordinarias, los siguientes privilegios:

- Un derecho preferencial para su reembolso en caso de liquidación hasta la concurrencia de su valor nominal.

- Un derecho a que de las utilidades se les destine, en primer término, una cuota determinable o no. La acumulación no podrá extenderse a un período superior a 5 años.

- Cualquier otra prerrogativa de carácter exclusivamente económico.

En ningún caso podrán otorgarse privilegios que consistan en voto múltiple, o que priven de sus derechos de modo permanente a los propietarios de acciones comunes.

ACCIONISTA. Es aquella persona propietaria de acciones y poseedor del título que las representa, quien además se encuentra debidamente inscrito en el libro de registro de accionistas de la respectiva sociedad emisora.

ACEPTACIÓN BANCARIA O FINANCIERA. Son letras de cambio giradas por un comprador de mercancías o bienes muebles a favor del vendedor de los mismos. Estas letras se convierten en aceptaciones bancarias o financieras cuando el girador de la letra, comprador o importador, solicita al banco, corporación financiera, corporación de ahorro y vivienda o compañía de financiamiento comercial que acepte la responsabilidad principal por el pago oportuno de la misma. El plazo máximo de estos papeles es de 360 días.

ACTIVO. Representa los bienes y derechos de la empresa. Dentro del concepto de bienes están el efectivo, los inventarios, los activos fijos, etc. Dentro del concepto de derechos se pueden clasificar las cuentas por cobrar, las inversiones en papel del mercado, las valorizaciones, etc.

ACTIVO FINANCIERO. Cualquier título de contenido patrimonial, crediticio o representativo de mercancías.

ACTIVOS DE RENTA FIJA. Títulos que permiten conocer la rentabilidad de la inversión antes del momento de la redención, ya que ese monto no depende del desempeño de la entidad emisora. Ejemplo: bonos.

ACTIVOS DE RENTA VARIABLE. Títulos valores que por sus características solo permiten conocer la rentabilidad de la inversión en el momento de su redención, dependiendo del desempeño de la entidad emisora entre otras. Ejemplo: Acciones.

ACTIVOS FIJOS. Activos tangibles o intangibles que se presumen son de naturaleza permanente, porque son necesarios para las actividades normales de una compañía y no serán vendidos o desechados en el corto plazo, ni por razones comerciales.

ADMINISTRADOR DE LA EMISIÓN. Intermediario financiero que se responsabiliza de los procesos relacionados con la emisión, colocación y redención de las emisiones de títulos valores.

ADMINISTRADOR DE TITULARIZACIONES. Es la entidad encargada de la administración, custodia y conservación de los activos o bienes objeto de la titularización, así como del recaudo y transferencia al agente de manejo de los flujos provenientes de dichos activos o bienes.

Puede actuar como administrador de una titularización el originador de la misma, el agente de manejo o una persona diferente. Sin embargo, la actuación del administrador no exonera al agente de manejo de su responsabilidad en la realización diligente de los actos necesarios para la consecución de la finalidad perseguida en el proceso de titularización.

ADR. American Depositary Receipts. Certificados negociables que se cotizan en uno o más mercados accionarios, diferentes del mercado de origen de la emisión y constituyen la propiedad de un número determinado de acciones. Fueron creados por Morgan Bank en 1927 con el fin de incentivar la colocación de títulos extranjeros en Estados Unidos.

Cuando la negociación se va a realizar en dicho país se constituyen American Depository Receips ADR, y cuando se pretende su transacción fuera de los Estados Unidos, se establecen programas de Global Depositary Receipts -GDR.

ADUANA. Servicio gubernamental responsable de la valuación y cobranza de los derechos e impuestos por importaciones y exportaciones, y de la aplicación de otras leyes y reglamentos que se aplican a la importación, tránsito y exportación de artículos.

AGENTE DE MANEJO. En los procesos de titularización, es el vocero del patrimonio autónomo. Se encarga de recaudar los recursos provenientes de la emisión y se relaciona con los inversionistas en virtud de tal vocería, de acuerdo con los derechos incorporados en los títulos. El agente de manejo debe velar por el manejo seguro y eficiente de los recursos que ingresen al patrimonio.

En Colombia se encuentran facultados para actuar como agentes de manejo en procesos de titularización las sociedades fiduciarias y las demás entidades financieras autorizadas para celebrar contratos de fiducia. También las sociedades comisionistas de bolsa pueden ser agentes de manejo a través de fondos de valores administrados por ellas.

AHORRO. Parte del ingreso (nacional, familiar o personal) que no se destina a la compra de bienes de consumo. El ahorro se obtiene restándole a los ingresos totales el gasto total en consumo. De esta forma, Ahorro = Ingresos - Gastos. El ahorro privado lo llevan a cabo las unidades familiares y las empresas, mientras que el ahorro público lo realiza el gobierno.

AHORRO FINANCIERO. Conjunto de activos rentables emitidos, tanto por el sistema financiero como por el Gobierno, que han sido acumulados a través del tiempo. El ahorro financiero se calcula como M3 + Bonos.

AHORRO MACROECONOMICO. Es la diferencia entre el ingreso y el consumo.

AHORRO NACIONAL. Es la diferencia entre el valor del ingreso nacional disponible de un país y los gastos de consumo final de las familias, instituciones privadas sin fines de lucro que sirven a los hogares y el gobierno general.

AHORRO PRIVADO. Es la diferencia entre los ingresos y el consumo de las unidades familiares y de las empresas.

AHORRO PÚBLICO. Es la diferencia entre los ingresos y gastos del gobierno.

AMORTIZACIÓN. Reducciones graduales de la deuda a través de pagos periódicos sobre el capital prestado. Recuperación de los fondos invertidos en un activo de una empresa.

ANÁLISIS FINANCIERO. Es un conjunto de principios, técnicas y procedimientos que se utilizan para transformar la información reflejada en los estados financieros, en información procesada, utilizable para la toma de decisiones económicas, tales como nuevas inversiones, fusiones de empresas, concesión de crédito, etcétera.

ANÁLISIS FUNDAMENTAL O ESTRUCTURAL. Enfoque de análisis del mercado accionario, en el que se estudian todos los factores relevantes que pueden influir sobre el comportamiento futuro de las utilidades y dividendos de las empresas y, por tanto, del precio de sus acciones. Bajo esta teoría el factor determinante es el "valor de la empresa" y el precio de la acción siempre se ajustará a dicho valor.

ANÁLISIS HORIZONTAL. El análisis horizontal se ocupa de los cambios en las cuentas individuales de un período a otro y, por lo tanto, requiere de dos o más estados financieros de la misma clase, representados para períodos diferentes. Es un análisis dinámico, porque se ocupa del cambio o movimiento de cada cuenta de un período a otro.

ANALISIS TÉCNICO. Enfoque de análisis del mercado accionario, en el que se estudian todos los factores relacionados con la oferta y demanda real de las acciones. Mediante la utilización de gráficos de acciones (chartismo) y de diferentes indicadores del mercado accionario, se trata de medir el "pulso del mercado" y predecir los movimientos futuros de su precio.

Al contrario del análisis fundamental, esta teoría toma como factor determinante el precio que el mercado esté dispuesto a pagar por una acción y por lo tanto determinará el valor de la misma. El análisis se debe centrar en los cambios "extraordinarios" o más significativos, en cuya determinación es fundamental tener en cuenta tanto las variaciones absolutas como las relativas.

ANÁLISIS VERTICAL. Consiste en tomar un solo estado financiero y relacionar cada una de sus partes con un total determinado dentro del mismo estado, el cual se denomina cifra base. Es un análisis estético pues estudia la situación financiera en un momento determinado, sin considerar los cambios ocurridos a través del tiempo. El aspecto más importante del análisis vertical es la interpretación de los porcentajes. Las cifras absolutas nos muestran la importancia de cada rubro en la composición del respectivo estado financiero y su significado en la estructura de la empresa. Por el contrario el porcentaje que cada cuenta presenta sobre una cifra base nos dice mucho de su importancia como tal, de las políticas de la empresa, del tipo de empresa, de la estructura financiera, de los márgenes de rentabilidad, etc.

AÑO CORRIDO. Término utilizado para referirse al período comprendido entre el primero de enero del año en curso y el día actual, o el último día para el que se tienen datos para la variable respecto a la cual se va a realizar el cálculo: un índice, variación, cifra o indicador. Cuando se tiene una periodicidad mensual o trimestral de observación el término año corrido se referirá al período comprendido entre enero o el primer trimestre del año en curso según el caso y el mes o trimestre actual. En inglés se conoce como YTD (Year to Date).

APALANCAMIENTO FINANCIERO. Endeudamiento de una empresa con el ánimo de incrementar su capacidad productiva y por ende sus ventas.

BALANZA COMERCIAL. Diferencia que hay entre las exportaciones e importaciones de bienes de un país, no incluye comercio internacional de servicios. Si las exportaciones son mayores que las importaciones, existe un superávit comercial; y si las importaciones son mayores que las exportaciones, existe un déficit comercial.

BALANZA DE PAGOS. Cuenta del sector externo del sistema de Cuentas Nacionales, expresada en dólares, donde se registran las transacciones económicas de un país con el exterior. Entre estas se encuentran las transacciones de compra y venta de mercancías, los movimientos de capital y las transferencias. Además, sintetiza los cambios en la posición financiera de los residentes de un país frente a los no residentes. La Balanza de Pagos está compuesta por la Cuenta Corriente, por la Cuenta de Capitales, el movimiento en las Reservas Internacionales y un renglón donde se anotan los errores y omisiones.

BALANZA DE SERVICIOS. Registro sistemático de la entrada y salida de divisas de un país por concepto de prestación de servicios de los residentes del país a los extranjeros, y de estos a los nacionales. La Balanza de Servicios hace parte de la Cuenta Corriente, y en ella se incluyen como servicios los ingresos netos precedentes del exterior (embarques, viajes, dividendos e intereses provenientes de inversiones directas o de cartera entre otros).

BANCA COMERCIAL. Conjunto de instituciones financieras privadas que tienen como función principal la recepción de depósitos y el desembolso de préstamos a corto plazo.

BANCA DE FOMENTO. Instituciones financieras encargadas de prestar asesoría técnica en los proyectos y apoyar a sectores específicos de la actividad productiva mediante operaciones crediticias o de inversión, por lo general a tasas de interés menores que las ofrecidas en el mercado.

BANCA DE INVERSIÓN. Actividad desarrollada por un intermediario del mercado financiero que puede incluir el diagnóstico de empresas, la organización de potenciales compradores, la asesoría de inversionistas en la creación de nuevas empresas e inclusive la consecución de recursos para tales operaciones.

BANCA EXTRANJERA. Sucursales de bancos extranjeros que realizan actividades propias de la banca comercial.

BANCO CENTRAL. Es la entidad responsable de la conducción de la política monetaria de un país. En ejercicio de esta función el Banco Central generalmente posee el monopolio de la emisión de moneda legal, por lo tanto, el banco central, dependiendo de las condiciones económicas del país (inflación, desempleo, etc.), decide emitir más billetes o, por el contrario, recoger parte de los que se encuentran en circulación. El Banco Central posee dos funciones primordiales, por un lado, debe preservar el valor de la moneda y mantener la estabilidad de precios; y por el otro, asegurar el funcionamiento y mantener la estabilidad del sistema de pagos en una economía, ya que el Banco Central es el banco de los bancos, sus clientes no son personas comunes y corrientes o empresas particulares, sino el Estado y los bancos existentes dentro del territorio de la nación a la cual pertenece.

BANCO COMERCIAL. Institución que se dedica al negocio de recibir dinero en depósito y darlo a su vez en préstamo, sea en forma de mutuo, de descuento de documentos o de cualquier otra forma. Se consideran además todas las operaciones que natural y legalmente constituyen el giro bancario.

BANCO DE SEGUNDO PISO. Instituciones financieras que no

tratan directamente con los usuarios de los créditos, sino que hacen las colocaciones de los mismos a través de otras instituciones financieras.

BANDAS DE BOLLINGER. Herramienta que se utiliza para hacer análisis técnico de cualquier activo financiero. Permite obtener niveles de soporte y resistencia dinámicos a corto plazo. Se calculan a partir de una media exponencial sobre los precios (rendimientos), a la que se añaden dos bandas obtenidas de aplicar dos desviaciones estándar al resultado de esa media por encima y por debajo. Reflejan la volatilidad de los precios (o rendimientos) durante un período. Cuanto mayor sea la volatilidad que se presente en el mercado, mayor será la desviación estándar y por ende las bandas serán más amplias, y viceversa. Cuando la amplitud de la banda es menor a lo observado históricamente es señal de que se aproxima un movimiento importante en los precios (o rendimientos).

BASE MONETARIA. Conocida también como dinero de alto poder expansivo; es el efectivo más las reservas que mantienen los bancos en el Banco Central. Este agregado monetario también se puede interpretar como el conjunto de obligaciones monetarias adquiridas por el Banco Central con el público en general y el sistema financiero.

BEAR MARKET. Muestra una tendencia calmada en el mercado de capitales, generalmente cuando los inversionistas están a la expectativa de alguna información macroeconómica y por lo tanto denota un mercado a la baja. Véase: Bull Market.

BEIGE BOOK. Es un reporte en el cual cada banco, miembro de la Reserva Federal de EE.UU., brinda información respecto a las condiciones económicas de cada distrito con base en entrevistas a banqueros y empresarios, así como entrevistas con economistas, especialistas de mercado y otras fuentes. Se publica ocho veces al año y su impacto en el mercado es importante debido a la profundidad de su análisis.

BENCHMARK. Punto de referencia estándar contra el cual se realizan comparaciones.

BENEFICIARIO. Persona a la cual se transfiere un activo financiero o a favor de quien se emite un título o un contrato de seguro.

BENEFICIARIO PRIMARIO. Es quien adquiere un nuevo título valor ante la entidad emisora, ya sea a través del mercado de valores o de su delegatario para este efecto.

BENEFICIARIO SECUNDARIO. Es el inversionista que adquiere, generalmente es una bolsa, un título-valor que había sido colocado con anterioridad por la entidad emisora y que ha sido recolocado por su beneficiario primario, u otro secundario, posiblemente por requerimientos anticipados por liquidez.

BENEFICIARIO REAL. Se entiende por beneficiario real cualquier persona o grupo de personas que, directa o indirectamente, por sí misma o a través de interpuesta persona, por virtud de contrato, convenio o de cualquier otra manera, tenga respecto de una acción de una sociedad, o pueda llegar a tener, por ser propietario de bonos obligatoriamente convertibles en acciones, capacidad decisoria; esto es, la facultad o el poder de votar en la elección de directivas o representantes o, de dirigir, orientar y controlar dicho voto, así como la facultad o el poder de enajenar y ordenar la enajenación o gravamen de la acción.

BID-TO-COVER. En una subasta, hace referencia a la relación entre las ofertas presentadas y el monto ofrecido.

BIEN DURADERO. Bien que no se consume inmediatamente y que dura un largo tiempo prestando, sucesivamente y muchas veces, el servicio para el que fue creado. Bien no duradero. Aquel que se consume inmediatamente y en corto plazo. Se emplea una o varias veces y su duración depende del uso y del material de que esté fabricado.

BIENES DE CAPITAL. Son aquellos bienes que se utilizan para la producción de otros, y no satisfacen las necesidades del consumidor final. Entre estos bienes se encuentran la maquinaria y equipo.

BIENES DE CONSUMO. Bienes destinados a satisfacer las necesidades del consumidor final doméstico y que están en condición de usarse o consumirse sin ninguna elaboración comercial adicional.

BIENES INTERMEDIOS. Corresponden a bienes de capital, y se denominan así por el hecho, de servir a los consumidores de forma indirecta en la satisfacción de sus necesidades, ya que representan etapas intermedias en los procesos productivos. También conocidos como materias primas o insumos.

BIENES NO TRANSABLES. Bienes cuyo consumo sólo se puede hacer dentro de la economía en que se producen, no pueden importarse ni exportarse. Esto se debe a que estos productos tienen costos de transporte muy altos o existe en la economía un alto grado de proteccionismo.

BIENES TRANSABLES. Aquellos bienes que se pueden consumir dentro de la economía que los produce, y se pueden exportar e importar. Generalmente, tienen bajos costos de transporte y pocos aranceles y cuotas de importación que puedan bloquear el libre flujo de bienes a través de las fronteras nacionales.

BLUE CHIPS. Acciones que presentan magníficos dividendos, gran valoración y excelente nivel de liquidez. Ellas corresponden a las mejores empresas de un país, reconocidas por la calidad de sus productos y estados financieros.

BOLSA DE VALORES. Establecimiento privado autorizado por el Gobierno Nacional donde se reúnen los miembros que conforman la Bolsa con el fin de realizar operaciones de compra - venta de títulos valores, por cuenta de sus clientes, especialmente. Sitio público donde se realizan las reuniones de la Bolsa o se efectúan las operaciones de la misma. La idea moderna de "sitio", puede asociarse con "lugar virtual" donde se encuentra la oferta y la demanda de valores.

BONOS. Son títulos que representan una parte de un crédito constituido a cargo de una entidad emisora. Su plazo mínimo es de un año; en retorno de su inversión recibirá una tasa de interés que fija el emisor de acuerdo con las condiciones de mercado, al momento de realizar la colocación de los títulos. Por sus características estos títulos son considerados de renta fija. Además de los bonos ordinarios, existen en el mercado bonos de prenda y bonos de garantía general y específica y bonos convertibles en acciones.

BONO AMORTIZABLE. Es aquel bono que amortiza el principal antes de su vencimiento y los pagos de interés durante su vida.

BONO BULLET. Es aquel bono que amortiza el 100% del valor nominal en su vencimiento.

BONO CALLABLE. Es aquel bono que incluye una opción de Call, la cual le da el derecho al emisor de redimir el bono antes de su fecha de vencimiento, de acuerdo a ciertas condiciones.

BONO CERO CUPÓN. Es aquel bono que no tiene pagos de cupón periódicos, pero que en contraprestación se vende a descuento frente a su valor nominal.

BONO GLOBAL. Son bonos híbridos, es decir, diseñados para ser transados, colocados y cumplidos simultáneamente en el mercado de Eurobonos y el de EE. UU.

BONO PUTTABLE. Es aquel bono que incluye una opción Put, la cual le da al inversionista la posibilidad de vender el bono al emisor a valor par en una fecha determinada.

BONOS CONVERTIBLES EN ACCIONES (BOCAS). Esta clase de títulos confieren las prerrogativas propias de los bonos ordinarios y adicionalmente dan a sus propietarios el derecho o la opción de convertirlos total o parcialmente en acciones de la respectiva sociedad emisora.

BONOS DE GARANTIA GENERAL. Aquellos que son emitidos por las corporaciones financieras.

BONOS DEL TESORO. Expresión generalmente utilizada para referirse a una obligación del Tesoro de EE. UU., negociable y emitida a diferentes plazos. De acuerdo al vencimiento toman diferentes nombres: Treasury Bills, títulos cero cupón con vencimiento inferior a un año; Treasury Notes, títulos con cupón y vencimiento entre uno y diez años; y Treasury Bonds, títulos cero cupón y con vencimiento entre diez y treinta años.

BONOS ORDINARIOS. Son aquellos que confieren a sus tenedores los mismos derechos, de acuerdo con el respectivo contrato de emisión y están garantizados con todos los bienes de la entidad emisora, sean presentes o futuros.

BONOS SAMURAI. Bonos emitidos en Japón por residentes no japoneses en yenes.

BONOS SOBERANOS. Término genérico usado para los bonos emitidos por el gobierno de cualquier país.

BONOS DE PRENDA. Título valor expedido por un almacén general de depósito, que incorpora un crédito prendario sobre las mercaderías amparadas por el certificado de depósito y confiere, por sí mismo, los derechos y los privilegios de la prenda.

BOVESPA. Es la Bolsa de Valores de Brasil, ubicada en la ciudad más grande del país, Sao Paulo, de donde deriva su nombre. Bajo este acrónimo también se nombra al índice representativo de la evolución del precio de las acciones transadas en esta bolsa Índice Bovespa. Es la mayor bolsa de valores de Latinoamérica. Actualmente es la bolsa para negociación de acciones y sus derivados que más crece en América y la tercera más grande del mundo en términos de volumen medio negociado en dólares. Bovespa está unida a todas las bolsas brasileñas, incluida la de Río de Janeiro, donde se intercambian los valores del gobierno.

BROKER. Es aquella persona o entidad, que actúa como intermediario entre un comprador y un vendedor en transacciones de valores, cobrando una comisión. El Broker actúa como agente es decir no toma ninguna posición propia ni siquiera con duración temporal, sino que se limita a unir dos posiciones (compra - venta) al precio que resulte satisfactorio para las dos partes.

BULL MARKET. Indica una tendencia alcista en el mercado de capitales, donde los inversionistas están optimistas y por tanto, presionan rápidamente los precios hacia arriba. Véase: Bear Market.

CALIDAD CREDITICIA. Grado de cumplimiento que el emisor tiene respecto de las obligaciones contraídas con la emisión objeto de la calificación.

CALIFICACIÓN DE RIESGO DE CORTO PLAZO. Análisis que tiene como objetivo el evaluar en el corto plazo, la capacidad de un establecimiento especializado en una actividad comercial o industrial definida (venta de alimentos, vestuario, vehículos, etc.) para servir adecuadamente sus créditos.

CALIFICACIÓN DE VALORES. Es una opinión profesional que produce una agencia calificadora de riesgos, sobre la capacidad de un emisor para pagar el capital y los intereses de sus obligaciones en forma oportuna. Para llegar a esa opinión, las calificadoras desarrollan estudios, análisis y evaluaciones de los emisores. La calificación de valores es el resultado de la necesidad de dotar a los inversionistas de nuevas herramientas para la toma de sus decisiones.

CÁMARA DE COMPENSACIÓN Y LIQUIDACIÓN. Las Bolsas de Valores cuentan con una Cámara de compensación y liquidación, la cual se encarga de registrar, liquidar y compensar las operaciones de contado o a plazo efectuadas en las bolsas por los comisionistas. Las funciones de liquidar las operaciones de contado o a plazo, de recibir y entregar los valores y dineros correspondientes a las operaciones realizadas y de adelantar los trámites necesarios para atender el traspaso de los títulos nominativos negociados, son una eficiente herramienta con la cual cuentan las bolsas para el seguro cumplimiento de las operaciones.

CAPITAL. Es la suma de todos los recursos, bienes y valores movilizados para la constitución y puesta en marcha de una empresa. Es su razón económica. Cantidad invertida en una empresa por los propietarios, socios o accionistas.

CAPITAL PAGADO. Es la parte del capital suscrito que los accionistas de la empresa han pagado completamente, y por consiguiente ha entrado en las arcas de la empresa.

CAPITAL SOCIAL. Representa el conjunto de dinero, bienes y servicios aportado por los socios y constituye la base patrimonial de una empresa. Este capital puede reducirse o aumentarse mediante nuevos aportes, capitalizaciones de reserva, valorización del patrimonio o conversión de obligaciones en acciones.

CAPITAL SUSCRITO. Es la parte del capital social autorizado por los suscriptores de acciones se han obligado a pagar en un tiempo determinado.

CAPITALIZACIÓN. Reinversión o reaplicación de los resultados, utilidades o reservas, al patrimonio de la empresa. Ampliación del capital pagado mediante nuevas emisiones de acciones.

CAPITALIZACIÓN BURSATIL. Es el valor dado a una empresa en Bolsa. Se calcula multiplicando la cotización por el número de acciones que componen el capital de dicha empresa. La capitalización de los valores cotizados en la bolsa es la que se obtiene sumando todas las cotizaciones de dichos valores en un momento dado. Este incide se emplea para comparar mercados bursátiles.

CANTIDAD TRANSADA. Número de unidades del respectivo título o papel negociados en un determinado período.

CAPM (CAPITAL ASSET PRICING MODEL). Modelo que busca proyectar el precio justo de un activo teniendo en cuenta el rendimiento esperado para esa inversión en particular y su nivel de riesgo.

CDAT (CERTIFICADO DE DEPÓSITO DE AHORRO A TÉRMINO). Como su nombre lo indica se trata de ahorro a término, con un plazo no menor a cinco días, y cuyos intereses pueden pactarse libremente con el cliente. Son nominativos y no se pueden negociar en un mercado secundario. No constituyen títulos valores.

CDOs (COLLATERALIZED DEBT OBLIGATIONS). Es un producto de crédito estructurado. Están compuestos por activos que tienen diferentes calificaciones de riesgo, que pueden ir de títulos AAA hasta acciones. Es un vehículo importante para la inversión de portafolio y diversificación de riesgo.

CDS O CREDIT DEFAULT SWAPS. Contratos derivados de crédito que permiten a su tenedor protegerse del riesgo de impago por parte del emisor.

CDS SPREAD. Cantidad anual que debe pagar el comprador de un CDS al vendedor durante la vigencia del contrato. Se expresa como un porcentaje sobre el valor nominal.

COLOCACIÓN PRIMARIA. Es la oferta de nuevos títulos por parte de una entidad para captar recursos con el fin de desarrollar su objeto social. En este caso existe una relación directa entre la entidad emisora y el adquiriente o primer beneficiario del valor.

COMISIÓN. Retribución que da un inversionista a un comisionista por ejecutar una orden de compra o venta de los valores negociables en Bolsa, por asesorarlo en la misma o por administrar los valores del cliente, según sea la solicitud del mismo.

COMMODITIES. Bienes primarios que se transan internacionalmente. Por ejemplo: granos, metales, productos energéticos (petróleo, carbón, etc.) y suaves (café, algodón, etc.).

CONSUMO PRIVADO. Lo realizan los entes privados en una economía (incluye el de las empresas) y se conoce también como consumo personal.

CONSUMO PÚBLICO. Gasto que realiza el Estado en bienes y servicios. Un alto nivel de consumo público en relación con el consumo privado indica una alta intervención del Estado en la economía.

CORRELACIÓN. Indica la fuerza y la dirección de una relación lineal entre dos variables aleatorias. Se considera que dos variables cuantitativas están correlacionadas cuando los valores de una de ellas varían sistemáticamente con respecto a los valores homónimos de la otra: si tenemos dos variables (A y B) existe correlación si al aumentar los valores de A lo hacen también los de B y viceversa. La correlación entre dos variables no implica, por sí misma, ninguna relación de causalidad.

CORRETAJE. Acción de intermediación donde un corredor de bolsa o broker pone en contacto a dos personas naturales o jurídicas para la negociación de un título valor, sin llegar a intervenir en el proceso de negociación.

COTIZACION. Precio registrado en una Bolsa cuando se realiza una negociación de valores.

COVARIANZA. Representa la media del producto de las desviaciones de dos variables en relación a su media. Medida estadística cuyo valor representa una asociación lineal entre dos variables. Si las dos variables siempre están simultáneamente por encima o por debajo de la media la covarianza es positiva, en caso contrario es negativa. Un valor cercano a cero sugiere poca relación entre los co-movimientos de las variables.

DEMANDA. Conjunto de mercancías y servicios que los consumidores están dispuestos a adquirir en el mercado, en un tiempo determinado y a un precio dado. El análisis de la demanda parte del supuesto de que todos los factores se mantiene constantes, excepto el precio, y que a medida que cambia el precio, la cantidad demandada por el consumidor también varía.

DERIVADOS. Son contratos referenciados a un activo o a una variable económica para ser liquidado en una fecha futura, y en función de las cuales se manejan los riesgos de un portafolio de inversión son valores cuyo precio depende del valor de una o más variables, haciendo posible aislar o concentrar un riesgo existente y transferido al mercado.

DERIVADO NON-DELIVERY. Es una Operación con Derivado constituida por compraventas en virtud de las cuales una Parte vende a otra unos Títulos de renta fija, con el compromiso para esta última de venderle a la primera, en fecha posterior y al precio establecido al inicio de la operación, títulos equivalentes a los originalmente entregados.

DIVIDENDO. En caso de haber utilidades en una empresa, son la parte de ellas que corresponden al accionista de la misma. En otras palabras, es el valor pagado a los inversionistas como retribución a su inversión, ya sea en efectivo o en acciones.

EBITDA. La sigla significa en inglés Earnings Before Interest, Taxes, Depreciation and Amortization; se obtiene a partir del Estado de Resultados y representa el margen o resultado bruto de explotación de la empresa antes de deducir los intereses, las amortizaciones o depreciaciones y el Impuesto sobre la Renta.

EJERCICIO DE LA OPCIÓN. Es el momento en el que el comprador o tenedor de una Opción de Compra Call o de Venta Put hace uso de su derecho de comprar o vender el Subyacente. En el evento en que el comprador de la opción decida ejercer la opción y las Partes acuerden su liquidación a través del mecanismo de Compensación, éste recibirá del vendedor de la opción la Diferencia en Dólares entre el Índice y el Precio Strike.

ESTADO DE FLUJO DE CAJA (CASH FLOW). Trata de establecer las entradas y salidas de efectivo que ha tenido o puede tener una compañía en el futuro. Este estado financiero se utiliza para determinar la situación de la liquidez de la empresa, para determinar la viabilidad de proyectos o para medir la rentabilidad o crecimiento futuro de un negocio.

ESTADO DE RESULTADOS. El estado de resultados o de pérdidas o ganancias muestra los ingresos y los gastos, así como la utilidad o perdida resultante de las operaciones de la empresa durante un periodo de tiempo determinado, generalmente un año. Es un estado dinámico, ya que refleja una actividad. Es acumulativo, es decir, resume las operaciones de una compañía desde el primero hasta el último día del periodo.

ESTADOS FINANCIEROS BASICOS. Son estados financieros básicos: Balance General, Estado de Resultados, Estado de Cambios en el Patrimonio, Estado de Cambios en la Situación Financiera y Estado de Flujos de Efectivo.

ESTADOS FINANCIEROS CONSOLIDADOS. Son aquellos que presentan la situación financiera, los resultados de las operaciones, los cambios en el patrimonio y la situación financiera, así como los flujos de efectivo, de un ente matriz y sus subordinadas, un ente dominante y los dominados, como si fuesen los de una sola empresa.

ETF. Son fondos de inversión que cotizan en bolsa, pudiéndose comprar y vender a lo largo de una sesión al precio existente en cada momento sin necesidad de esperar el cierre del mercado. Son conocidos por sus siglas en inglés ETF (Exchange Trade Funds). Su objetivo consiste en replicar un índice bursátil o replicar una canasta de activos financieros.

FLUCTUACION. Alza y baja de los cambios en los valores, divisas, etc., como consecuencia de los efectos de la oferta y la demanda. Acción de variar, modificar, alterar el valor de la moneda cuando se refiere al cambio monetario, fenómeno económico que trae consigo el alza o baja de los precios representativos en los valores contables.

FORWARDS. Contrato privado que representa la obligación de comprar (o vender) un determinado activo en una fecha futura determinada, en un precio preestablecido al inicio del período de vigencia del contrato.

FORWARD RATE AGREEMENT (FRA): Es un acuerdo futuro de tasa de interés que permite cubrirse frente movimientos no deseados de los tipos de interés de una moneda. Se trata de convenir un tipo de interés por un periodo de tiempo específico, el cual se cuenta desde una fecha señalada en el acuerdo y para un determinado valor nominal.

FUTUROS. Es aquella transacción efectuada en un mercado secundario formal donde se negocia un contrato estandarizado de compra o de venta de un activo determinado, acordándose la cantidad del activo, su precio y el vencimiento del contrato, asumiendo las partes la obligación de celebrarlo y el compromiso de pagar o recibir las pérdidas o ganancias producidas por las diferencias de precio del contrato, durante la vigencia del mismo y su liquidación.

GDR (GLOBAL DEPOSIT RECEIPTS). Certificados que pueden circular libremente en los mercados de capitales globales que denotan acciones de compañías extranjeras, esto certificados están registrados en Luxemburgo. Son el equivalente global (europeo) para los ADR. Estos certificados tienen subyacente la propiedad de unas acciones en algún mercado foráneo. En realidad, no son tan comunes ni su mercado es tan líquido como el de los ADR.

HEDGE FUNDS. Fondo de inversión o de cobertura especializado en las inversiones de tipo especulativo con el fin de que una persona natural o jurídica se proteja contra alteraciones en los precios de mercancías o acciones.

INDICADOR BETA. Es un indicador del riesgo sistémico o del mercado de la inversión en acciones, que permite establecer que tan sensible es el comportamiento de la rentabilidad de una acción cuando se presentan movimientos en la rentabilidad del mercado accionario. Si el valor de BETA para una acción es igual a 1, significan que los rendimientos de ésta varían de manera proporcional a los rendimientos del mercado, es decir que las acciones tienen el mismo rendimiento que el mercado. De otra parte, un BETA mayor que 1 significa que el rendimiento de la acción varía de manera más que proporcional al rendimiento del mercado. Y un BETA menor que 1 significa que la acción varía de manera menos que proporcional al mercado.

INDICE. Es un indicador que tiene por objeto medir las variaciones de un fenómeno económico o de otro orden referido a un valor que se toma como base en un momento dado. Los índices cumplen las propiedades de identidad, reversibilidad y transitividad. La primera propiedad consiste en que el índice toma un valor de 1 (o de 100%) para el período que se toma como base.

La propiedad de reversibilidad se cumple cuando el índice de base A, calculado para el período B (IB/A) es igual al inverso del índice de base B, calculado para el período a: IB/A = 1/IA/B. Por último, la propiedad de transitividad consiste en que el índice de un período es igual al producto de los índices entre los subperiodos componentes.

ÍNDICES BURSÁTILES. Un índice bursátil corresponde a un estadístico compuesto, usualmente un número, que trata de reflejar las variaciones de valor o rentabilidades promedio de las acciones que lo componen. Generalmente, las acciones que componen el índice tienen características comunes tales como: pertenecer a una misma bolsa de valores, tener una capitalización bursátil similar o pertenecer a una misma industria. Estas son usualmente usadas como punto de referencia para distintas carteras, tales como los fondos mutuos.

INSTRUMENTOS DE LARGO PLAZO. Los emitidos con amortización total a más de un año.

INSTRUMENTOS DERIVADOS. Son instrumentos financieros, generalmente contratos que estipulan que las partes se comprometen a comprar o vender, en una fecha futura, un bien determinado que puede ser físico (commodities), monedas e instrumentos financieros, a un valor que se fija en el momento de la negociación.

M-1 (Oferta Monetaria). Corresponde a los medios de pago u oferta monetaria y en la práctica se asocia con lo que se podría llamar dinero, recoge la función del dinero como medio de pago; es decir, está compuesto por los activos financieros más líquidos de la economía. El M1 incluye el efectivo en poder del público y en el sistema financiero, los depósitos en cuenta corriente, los cuales son transferibles mediante cheques. El subíndice "1" sugiere que pueden existir otras definiciones de dinero.

M-2 (oferta Monetaria ampliada). Incluye los medios de pago (M-1) más los depósitos que devengan intereses, pequeños depósitos a plazo, acuerdos de recompra día a día, es decir los cuasi dineros.

M-3. Involucra el M2 más los depósitos fiduciarios del sistema financiero, un rubro del pasivo de las entidades financieras denominado otros depósitos a la vista, los repos con el sector real y algunas cuentas por pagar.

MARGEN O SPREAD. Diferencia entre el precio de demanda y el de oferta en la cotización de un instrumento, divisa o título. Adicionalmente, este término se usa para indicar la diferencia en el rendimiento entre dos títulos.

MARKET-MAKERS. Creadores de mercado. Están encargados de anunciar permanentemente los precios por los que están dispuestas a comprar o a vender cierta cantidad de títulos

MERCADO DE FUTUROS. Donde se compran y venden contratos de mercancías o valores en los que se hace uso de una promesa con alguna fecha futura a precios prefijados en la negociación. Dichos contratos a futuro, que permiten disminuir el riesgo de fluctuaciones de los precios en el corto plazo, pueden ser fijos o estandarizados por unidades de cantidad, requisitos de calidad, fecha de vencimiento u otras características.

MERCADO DE OPCIONES. Donde se negocian derechos de compra o venta de una materia prima o un producto financiero en un plazo determinado y a un precio fijo.

OPCIÓN. En el mercado a plazo, el derecho de comprar (call) o de vender (put), en un tiempo estipulado y a precio fijo, una materia prima o un producto financiero. El derecho que tiene el comprador de la opción se ejerce a su discreción, mientras que para el emisor existe una obligación contingente hasta la expiración de la opción.

OPCIÓN DE COMPRA (CALL). Es una Operación con Derivado por virtud de la cual la Parte que la adquiere, obtiene el derecho de comprar el subyacente en una fecha y a un precio determinados y, a su vez, la parte que la vende queda obligada a vender tal subyacente. En las Opciones americanas, el comprador de la Opción la puede ejercer en cualquier momento, antes y en la fecha de cumplimiento.

OPCIÓN DE VENTA (PUT). Es una Operación con Derivado por virtud de la cual la Parte que la adquiere, obtiene el derecho de vender el subyacente en una fecha y a un precio determinados y, a su vez, la parte que la vende queda obligada a comprar tal subyacente. En las Opciones americanas, el vendedor de la Opción la puede ejercer en cualquier momento, antes y en la fecha de cumplimiento.

ROA (RENTABILIDAD DEL ACTIVO). Return on Asset. Razón financiera que muestra la rentabilidad de la empresa generada a partir de sus activos totales. Esta es calculada como Utilidad Neta sobre Activo Total.

ROE (RENTABILIDAD DEL PATRIMONIO). Return on Equity. Razón financiera que muestra la rentabilidad de la empresa generada a partir de su patrimonio. Esta es calculada como Utilidad Neta sobre Patrimonio Total.

ROI (RENTABILIDAD SOBRE LA INVERSIÓN). Return on Investment.

Relaciona las utilidades con el rendimiento obtenido en la inversión.

S&P 500 (STANDARD & POOR'S 500). Es uno de los índices bursátiles más importantes de EE.UU. Este índice registra el comportamiento promedio de todo el mercado bursátil de EE.UU. y está compuesto por el precio de las 500 empresas más importantes de ese país.

SEC (Security Exchange Commission). Agencia para gubernamental independiente norteamericana, encargada de vigilar el mercado bursátil. Vela por el respeto a la deontología profesional y al derecho de los accionistas. Equivale a la Comisión de las operaciones de Bolsa (COB) en Francia y a la Superintendencia de Valores en Colombia.

SPLIT. Es el fraccionamiento de las acciones que resulta de una disminución en su valor nominal y es proporcional al mismo. Es la división del número de acciones en circulación de una sociedad, en un número mayor de acciones; de forma tal que cada acción en circulación le da el derecho a su poseedor, de recibir a cambio un número determinado de nuevas acciones. El patrimonio del accionista permanece estable ya que, aunque él posee más acciones, estas bajan el valor ya que el valor de todas las acciones sumadas permanece igual.

SUBYACENTE. Es el activo, tasa o índice bursátil de referencia, cuyo movimiento de precio determina el Precio en una operación con derivado o una operación spot, tales como: tasa de cambio, tasa de interés, divisas, productos básicos, índices bursátiles, títulos, etcétera.

SWAP. Son contratos privados entre dos entidades para intercambiar flujos de caja en el futuro, de acuerdo con condiciones pre-establecidas. Estos pueden ser considerados como contratos forward.

T-BONDS. Palabra que en español significa Bonos del Tesoro de Estados Unidos. Es un instrumento de deuda que tiene como vencimiento un máximo de treinta años.

TASA CUPÓN. Tasa de interés periódica que el emisor de un título promete pagar al tenedor hasta el vencimiento del título. Se expresa como un porcentaje anual sobre el valor nominal del título.

TASA INTERNA DE RETORNO (TIR). Herramienta para el análisis de rentabilidad de flujos de fondos, que se define como la tasa de descuento de los flujos en la que el valor presente neto se hace igual a cero. Corresponde a la rentabilidad que obtendría un inversionista de mantener el instrumento financiero hasta su extinción, bajo el supuesto que reinvierte los flujos de ingresos a la misma tasa.

TITULOS DE RENTA FIJA. Títulos representativos de un adeuda que da a quien los posee el derecho a recibir un interés fijo por un período preestablecido.

TITULOS DE RENTA VARIABLE. Son los títulos en los cuales la rentabilidad sólo es conocida después de redención. Su rendimiento depende del desempeño económico de la empresa emisora. En términos generales corresponde a las acciones emitidas por una sociedad anónima.

VALOR DEL TÍTULO. Significa el valor facial del o de los títulos en una operación Spot o en una operación con Derivado cuyo subyacente sean títulos.

VALOR EN LIBROS. Valor de referencia de una acción el cual tiene en consideración únicamente el valor de la empresa entendido como el valor de sus activos menos sus obligaciones sobre el total de acciones en circulación. En este sentido el Valor en Libros no tiene en consideración el potencial de valorización de la empresa a futuro, sino únicamente su valor actual.

VALOR INTRÍNSECO. Ver "Valor" en libros.

VENTAS EN CORTO. Corresponde a la enajenación de un activo sobre el cual el vendedor está en una posición "corta" y se realizan exclusivamente sobre títulos obtenidos previamente en una operación de transferencia temporal de valores. En otras palabras, esto implica para el vendedor en corto la venta de títulos que al momento de la negociación no son de su propiedad, pero que, para efectos del cumplimiento de la operación de transferencia temporal de valores, debe adquirir para restituirle al tenedor inicial de los títulos.

VIX. Indicador de aversión al riesgo que señala la volatilidad esperada del índice accionario de EE. UU. S&P 500 para los 30 días siguientes. Se expresa en porcentaje.

Es un honor que haya leído mi libro.

¡Muchas gracias!

Espero haber contribuido en su proceso. Siga aprendiendo y le aseguro que vencerá a cualquier gigante. Anhelo conocerlo pronto.

¡Bendiciones!